聆聽內在聲音：探索與療癒

Chris Su

推薦序

苗延琼

認識 Chris Su 老師是在二〇二〇年新冠疫情期間的事，老師「被迫」滯留在香港，令我有因緣能夠上老師的課。我才知道原來老師的廣東話很流利，並且和我一樣對寫作很有興趣，之前甚至已經出版過兩本書。

一條魚在大海出世、長大，從來不知道大海長怎樣，直至魚兒離開大海。老師出生自馬來西亞，走過各地，在異文化中重新審視自己的根源與適應力。他一直透過反思自身經歷、解構文化間的差異，以奪回敘事主導權來探索「我是誰」。他發現當人停止使用單一標籤來定義自己時，才能真正擁抱生命的流動性。

無論來自任何文化背景，原來所有生命都是「聲音的考古學」：我們既是被各種聲音雕塑的作品，也是重寫聲音文本的作家。這種雙重性，正是療癒的起點。

我在因緣際遇下，在二〇二二年的聖誕節參加了老師的頌缽音療工作坊，家母在一年前同天病逝。老師以我為教學示範，對我進行頌缽音療。過程中我淚流不止，頌缽聲觸碰到內心深處的喪母傷痛，並把它轉化為療癒的眼淚。

原來痛苦的本質是執念的膠著。老師提出「療癒不是消除痛苦，而是重新建構意義」。在過往這些年，老師通過整合陰瑜伽、呼吸法、冥想與正念心理學，建構一套從覺知到轉化的內在聲音管理系統，引導讀者將痛苦轉化為自我覺醒的契機。

「世界從不安靜，但你可以選擇聽見什麼，以及如何聽見。」老師深化聲音療癒的技術，將理論延伸到工具，以致應用，將它整合為可操作的療癒體系，成為跨模態療癒整合。

這是我最喜歡的一句，與各位讀者分享：「當頌缽響起時，你不是在聆聽聲音——你正在成為聲音本身。」

推薦序

苗延琼醫生

香港精神專科醫生及心理治療團隊

目錄

生活，無時無刻被聲音包圍。外在的聲音無論來自媒體、社交網絡，還是周圍人的期望和意見，以及內在聲音如情緒、信念，總是潛移默化地影響我們的言行舉止，起心動念。與此同時，我們內在的真實聲音越來越微弱，但它從未消失……

作為長期探索自我療癒與心靈成長的瑜伽分享者，我深感內在與外在的聲音對身心的影響深遠，並認識到通過正念、陰瑜伽與頌缽音療來連接與療癒自我的重要性。

正念（Mindfulness）教導我們專注當下，傾聽內心的聲音，而非被外界的干擾牽引。正念練習能夠幫助我們意識到那些在日常生活中，不斷侵蝕我們內心平靜的外在聲音，並引導我們回歸內在的本質。這種覺察的力量，正是療癒的開始。

陰瑜伽（Yin Yoga）作為一種緩慢的體式練習，不僅是身體的放鬆，更是一種聆聽與理解身體和心靈需求的過程。身體通過長時間的拉伸與停留，能夠深入體內的結締組織，慢慢釋放那些未被處理的情緒與創傷。本書對陰瑜伽無多加贅訴，讀者可參考我的第二本書《都市人的瑜伽：創造個人的療癒》。

在計劃出版這本書——《聆聽內在聲音：探索與療癒》的時候，我到處收集他人的故事。在聆聽的過程中，我發現來自大自然的聲音、周遭人在我們成長過程中給予評價、意見，甚至是情緒等聲音，都可成為我們探索與療癒自己的途徑。

頌缽音療（Singing Bowl therapy），這股來自宇宙的聲音，予我是極具力量的。不同頻率的聲音振動能打開我內心深處的某些情感通道。每一次敲擊或聆聽頌缽時，那股人與聲音的共振能量，總是能帶領我進入深沉的冥想狀態。即使外界有多喧囂，我依然能夠安住自己，清晰地傾聽自己內在的聲音，並通過聲音的共振，讓身心靈合一。

書寫本書的初衷，是為了探討內在聲音與外在聲音的交互作用下，如何對我們產生深遠的影響。外在的聲音可能會引導或影響我們做出某些決定，主宰我們的情緒波動，甚至塑造一個人的身份認同；內在的聲音則是反映最真實的自己。這股來自潛意識的呼喚，是內心深處的渴望，也是恐懼。

安靜下來，專注於內心。我們終將發現，偶爾在生活中做出的懊惱事，很多時候源自被掩蓋的情感和想法：它可能來自童年創傷，也可能是成年後長期忽視心理需求所致。希望你在閱讀此書時，能隨著文字深入地思考與探索內外在的聲音如何影響自己的情緒、思維和行為，以及意識到我們可以通過正念、陰瑜伽與頌缽音療來安撫自己，療癒自己。這些實踐不僅僅是一種工具，它同時代表一種讓自己和世界更加和諧相處的方式。

願本書成為你療癒旅程中的指引之一，幫助你通過聲音，開啟通往療癒的另一所大門，重新與真實、平靜，且本自俱足的自己產生連結。

我

01

WHO AM I?

是誰？

你不該以已知的一切來定義自己，

畢竟，

獅子在某些人眼中，

是可愛的貓咪。

我們的經歷構成了「我是誰」的主要部分，然而，「我」不是靜態的。「我」隨著生命每一次經歷和自我反思演變，每一次的經歷都提供一次了解自己、挑戰自己、塑造自己的機會，從而能夠重新定義「我是誰」。最終，我們可以通過自我意識、選擇和行動，將經歷轉化為成長和自我定義的動力。

但凡能傳達訊息的載體，都能形成聲音。即便是不發出聲音的文字，在我們開始閱讀的那一刻，當下已形成一股迴盪在耳裡、腦裡甚至心裡的聲音。這些聲音如老樹盤根般，固化了我們的思想，潛移默化地影響著我們的起心動念，直到我們有了覺知。當我們在訴說自己的故事時，我們覺知到故事都是以自己的角度來解讀，並且認知到，一個人怎樣發出聲音，發出什麼聲音，只要仔細聆聽的話，當中就有那個人的潛意識。因為外面的世界沒有別人，只有自己。

我是馬來西亞華人

經歷，包括生活中的事件、與他人的互動、面臨的挑戰、文化背景、教育等等，都對自我認知和身份的形成有很大影響。它塑造了我們對世界的看法、對自我的理解和信念體系。

我是土生土長的馬來西亞華人。很多人以為在馬來西亞生活的華人都是華僑，但其實，華人與華僑的身份不一樣，土生土長的馬來西亞華人也不是人們口中的華裔。「華」是中國的古稱，「僑」是寄居、客居之意，華僑是指定居在國外的中國公民；華裔，即是海外華人，是指定居在國外，並已取得中國以外國籍者，也稱為某籍華人和在國外出生的華人。從法律上來說，他們不是中國公民，但血統屬華人的後代。

從血統上來說，華人屬人種。馬來西亞華人是華人移民史的歷史產物，當中包括土生華人，如峇峇娘惹的後代。我們是馬來西亞的本地民族之一，是馬來西亞第二大民族。時至今日，依然有很多不理解馬來西亞華人身份的人，因而常引來誤會。說我們忘本，甚至放棄自己的根，這純粹是對方不了解歷史而誤解。

馬來西亞華人的先輩是在清朝末年及民國成立後，自福建、廣東、廣西和海南等地遷徙至馬來亞的移民。移民史可追溯至漢代。唐、宋時中國和馬來群島已有頻密的商業活動和文化交流，元代已有中國人在本地定居的記載，後來較為人熟知的往來是明代鄭和下西洋。當時，一些華人與本地人通婚後定居於此，子孫後代隨之繁衍開來，漸漸受馬來文化影響。我這一輩自出生以來就持有馬來西亞身份證，馬來西亞亦是我們唯一享有公民權（citizenship rights）的國家。

馬來西亞是由多元種族組成的國家，自成立以來就擁有三大種族，即馬來人、華人和印度人，以及多個少數民族。至於是否共榮，聽執政者的言論便可窺探一二。

《馬來西亞聯邦憲法》第十條明定每個公民都有言論和表達自由的權利。雖說言論自由受到條文保障，但馬來西亞人對其限制比保障還要多這一事上心照不宣。馬來西亞的《一九四八年煽動法令》禁止煽動性言論，並將具有煽動傾向的言論入罪，包括那些會「引起仇恨或蔑視，或激起對政府不滿」或導致「不同種族之間的仇視與敵意」的言論。再加上《一九四八年印刷與出版法令》的諸多框架下，馬來西亞在與新聞和媒體自由有關的全球指數中一直以來皆處於低位。

這些法令有否影響到普通老百姓的生活？若正確使用就是保障百姓，一旦濫用，就是掐住百姓喉舌的刑具。「傳播足以導致公眾恐慌的謠言，可能誘使他人觸犯危害國家或公共安寧的罪行」是很模糊的，也不知該由誰來判斷哪些屬於謠言。如果那是實話或真相呢？如果實話或真相會引起恐慌呢？如果人民因發出公正或公義的聲音而引起恐慌，是否該列為刑事犯罪？

身為平民百姓的我，和絕大部分的馬來西亞人一樣，在說話上擁有相對多的自由。這份自由建立在與親人、朋友和同儕之間。我們談話間的氛圍輕鬆愉悅，感到非常自由。在馬來西亞，人與人坐在一起就可以聊到一塊兒去。我們可以盡情宣泄心中壓力，對親友訴說擠壓已久的情緒，甚至，很多人都可以在社交媒體上，透過文字來表達對人或對事的不滿，這讓我覺得馬來西亞人很親切、隨和，凡事有商有量。

一個國家的政策與文化背景，是塑造性格的源頭之一，民族特性亦然。像中華民族以孝親敬老為傳統美德，無論去到哪裡，華人子女打從出生那一刻就被教育要孝順父母，尊敬長輩及照顧老人。從《孝經》中可見儒家對孝道的重視，中國民間經常把「百行以孝為先」掛在嘴邊。孝順父母，自出生那天起，成了身而為人最重要的一件事。

馬來西亞的開始

被認可的經歷會增強人的自信心，幫助形成正面的信念和價值觀；失敗、挫折、被忽視的經歷，可讓人產生自我懷疑或防禦機制。一個人在成長過程中，倘若得到充分的愛與支持，比較能發展出積極的自我價值和對他人的信任。相反，如果一個人經歷創傷，很可能會形成較強的防禦機制，甚至懷疑自己的價值或對世界抱持懷疑。但是，療癒是把經歷轉化為成長的契機，能讓自己更堅韌，心智更成熟。

我出生在一個傳統的小康之家。對於七十年代生的孩子來說，長輩的話是「聖旨」，「叫你行東，你就唔好行西」。可我自小在大人眼中是性格「叛逆」的小孩，每當大人讓我去做某件事情，我都會先問為什麼。我之所以會問，不是要挑戰權威或挑釁，而是純粹想知道原因，理解「為什麼我必須要遵循大人的指示、建議或意見行事」。

我的「為什麼」最終換來疏離的親子關係，以致我們鮮少交談。也基於「叛逆」，比起其他孩子，我從小按著自己的喜好生活，長大後奮不顧身地追求自己的人生目標。

中學畢業後，我搬到外邊獨居，偶爾跟朋友合租，生活過得挺自由自在。我很喜歡唱歌，在追求夢想的過程中，我雖付出很多努力，但不僅沒獲得他人認可，還換來嘲笑。我非能言善道之人，礙於不擅長用語言表達內心的感受與想法，因而在溝通上容易讓人產生誤解，或因表達不善而造成原意被扭曲。無形中，我開始督促自己，注意言辭。可社會畢竟由人組成，只要接觸到人，尤其涉及利益就容易產生衝突。人在維護自己的利益下，難免會做出傷害對方的事情，以致產生矛盾，甚至導致關係決裂。

撇開利益，在馬來西亞，人和人的相處還是比較單純和隨性。馬來西亞人的穿著打扮很隨性：腳踩一雙人字拖，身穿短褲T恤就可以上街。如此隨意的穿著打扮，不僅僅出現在夜市、菜市場，甚至會出現在百貨公司、聚會、講座等等，用現在的流行語來說就是「鬆弛感」。這種現象絕對不會出現在日本，但這不代表馬來西亞人不注重外表，不尊重場合。

正因為如此隨性，馬來西亞人對陌生人的防備心也較低。在街上遇到任何問題，擦肩而過的陌生人大多都會毫不吝嗇地伸出援手，但至今也沒發生過「碰瓷」事件。

一位朋友倘若出門辦事，如果逗留在外的時間不長且不需要見人，經常都會穿便服出門，但其實那便服更像是睡衣。有一次，他忘了給車子加汽油，車子被迫停在路邊，他就站在路邊，向飛馳而過的摩托車司機招手。大約半小時後，一友族同胞呼嘯而過後又掉頭回來，朋友掏出五十令吉，請對方到三公里以外的加油站替他買汽油。他在原地等了大約十五分鐘，心裡開始不耐煩，甚至埋怨對方那麼久還不回來。他內心開始焦慮，甚至冒出很多聲音：「他會不會拿了我的錢就跑掉？」當意識到自己的內心對他人響起質疑與埋怨的聲音時，他立即轉念跟自己說道：「既然選擇了讓對方幫助，那就不要懷疑別人。這是對他人的很不公平的指責。」

當他看到對方從遠處回來，內心十分激動，對方還熱情地替他把汽油導入到油箱，然後把鈔票和收據分文不少地歸還給朋友。朋友掏出二十令吉作為報酬，對方擺著手說：「不需要，我單純想要幫助你。」他還是把錢塞進對方的口袋裡，並不斷跟對方道謝：「你是一個好人，我站在這裡招手很久，但都沒人停車。如果不是遇見你，我也不懂該怎麼辦。」

我聽他說這件事時，心裡也感受到馬來西亞人那份純樸的溫暖。可隨後他又說，其實這不是第一次。「失魂」的事情屢次發生，可慶幸每次都有貴人襄助。

與其說是幸運，我更相信是他內心那股純粹乾淨的聲音，吸引了美好的人事物降臨。事情發生時，他總是先調節內心的頻率：「深呼吸，讓頭腦安靜下來。腦袋最擅長製造焦慮與恐懼，它會喋喋不休地責備你，埋怨你，為難你。唯有讓頭腦安靜下來，才知道下一步要怎麼做。沒有解決不了的事情，總有方法的。」因此，他每次都很幸運地遇到貴人，當中包括友族同胞。

各處鄉村各處例

自從成為瑜伽分享者後，我經常到處教授陰瑜伽和頌缽。疫情爆發期間，我剛好在台北教課，因而滯留當地一段時間。當時，我這異鄉人受到當地朋友的熱心照顧，彼此雖是同儕，但不視為競爭對象。在我滯留台北的八個月，他們在能力所及下為我撐傘，安排我到中心授課，我才得以一邊安然無恙地生活，一邊渡過全球人民最艱難的時期。

四年過去，回想起那段經歷，我內心依舊很感動，很溫暖。我想，互相照應大概是華人的傳統美德，就像當年祖輩下南洋到馬來亞後，受到同鄉的照應，才能安居樂業，落地生根。

隨後，我到香港旅居一年。香港的生活不如台北悠閒，這座繁華大都市處處充斥著交通繁忙的聲音，生活急促下人們說話的音量也跟著提高，還有建築期間鋼筋水泥與建築工具摩擦敲擊時發出的聲音。交通、人聲，種種聲浪匯集了四面八方的能量，整座城市日以繼夜地發出各種各樣的聲音，著實讓人心神不寧。那期間，我的情緒不自覺地深受影響。

在便利店買東西時，貨架上的貨品明碼標價。排隊付錢時就已經要準備好鈔票，不要輪到自己時才掏錢包，否則收銀員會請你「企埋一邊」，讓後面的人先結帳。因此，住在這座高效且節奏快速的城市裡的人，經常被誤會對外人有很大惡意。換個角度想，香港人自出生那天起，就在一個腳步急促的環境中長大，生活節奏固然難以慢下來。這可不代表他們不想慢，他們也嚮往優哉游哉的小日子。然而香港就是有一股無形的力量推著你，讓你追著時間跑。這種非一般人能適應的生活節奏，是「冇計」，「係咁㗎啦」。

返回馬來西亞後，我毅然賣掉房子和車子，決定移居日本體驗生活。初到日本，我對日本人的處事方式感到驚訝。日本人較低調內斂，不輕易表達自己的感情與情緒，因而被認為是高包容度的民族。

根據我的體驗，無論是土生土長的日本人，還是到這裡工作的海外人士，都得依照規矩行事。他們處事非常謹慎，說話速度非常緩慢；他們議事論事，不以個人情緒指責對方、判斷對方的行為；他們在工作上劃清界線，清楚彼此的關係是工作夥伴、是合作關係，就不會將友情牽扯其中，並將重點放在事情，把個人的情緒收起來。就算不喜歡一個人，也不會做出攻擊性行為或說出傷人的話語。

可同時，日本人在別人眼裡是一板一眼，僱傭、師生之間都有適當的距離。換個角度看，他們自小被教育要重禮儀，是很循規蹈矩的民族。我在日本教授陰瑜伽時發生過一些「趣事」：我平日午餐後習慣外帶一支冰淇淋或一杯咖啡，若來不及享用完畢就會帶到課室去。然而，同學會向中心負責人投訴「老師過了用膳時間仍把食物帶進課室」。

此外，有一次我提早了十分鐘進課室，同學也到齊了，我心想與其大家呆坐等時間，倒不如提早上課，當天的課程也提早十分鐘結束。後來，我被投訴「老師不守時」。那時候我體會到，所謂的文化差異並非牽涉什麼國家大事，每個人自出生那天開始，便接受社會的薰陶。一個國家的文化，從一個人還是嬰兒的時候，就植入腦海，甚至是血液，形成做人處事的準繩。

來日本旅遊跟在日本生活是兩碼事。旅遊是欣賞一個地方的風景，享受美食，絕大多數人不會把「學習與人相處，尊重別人的文化」納入行程中。因此，很多人到外地旅行，與當地人發生矛盾時，首先思考的並非文化差異，而是感覺到自己被冒犯。就像在香港，絕大部分的遊客都會抱怨香港茶餐廳的夥計會罵人，走慢兩步都會被香港人罵。「聲大夾惡」幾乎與香港人劃為等號。但其實香港人和其他人一樣，擁有很多個性，只是他們的豪爽風趣並非以眾人所期待的方式展現。

相較於其他地方，日本是一個散發寧靜氣息的國家。日本人基本上不大聲喧嚷，因而予人慢活的感覺，是一個適合退休後養老的國家。

當我來到這裡生活後，我發現自己逐漸融入他們的生活習慣。旅居日本兩年，我沒有吃過「網紅美食」或到「網紅景點」打卡。實際上，日本人鮮少吃海鮮與和牛，這對他們來說是昂貴的食物。實質上，大多數日本人的衣食住行很簡樸，飲食清淡，這也是日本人健康長壽的秘訣。

在經歷中重新定義自己

重要的轉捩性經歷，如搬遷、轉職、重大損失、靈性覺醒等等，都會讓我們重新思考「我是誰」。踏出舒適圈，學習新技能、克服困難、跨越文化或環境的界限，都能促使個人成長，並讓我們重新定義自己。

經歷會教導我們如何面對壓力、處理情緒、解決問題。選擇的應對方式，很大程度構成我們的個性。而我們如何應對生活中的挑戰和壓力，也受到過往經歷的影響。在充滿挑戰的環境中成長，可能對周遭環境更有警覺，更具生存本能；在受到支持的環境中成長，可能更具開放性和冒險精神；經常面對困難並能夠成功克服的，往往會發展出堅韌、適應力強的個性；難以得到支持的，可能會發展為逃避、焦慮或強烈的控制欲。

從馬來西亞到日本，當中也到過歐美和東南亞分享陰瑜伽。透過接觸不同地方的人，我體會到各處鄉有各處鄉的規矩。每到一個地方，皆要入鄉隨俗。

初來乍到，在不了解該處文化的情況下，以自己一貫方式處理事情難免會碰壁。與其責難他人，我更多的是思考文化或教育如何塑造人民的個性。

在馬來西亞，很多事情都是舉手之勞，一頓飯或一杯茶就能報答。可走出馬來西亞，我才發現別人的舉手之勞並非理所當然，像在語言不通的國家，到銀行辦戶口時，不會填表格就要付錢請人代辦。

凡事皆一體兩面，有弊自然也有利。我學會珍惜與感恩曾經給予自己方便的人，但不代表不給予我方便或協助的就是壞人。他們讓我學習獨立，自己能做到的就不假手於人。

沒有哪一個地方的人是最好的，畢竟人的個性是由多方面形成，其他地方也有個性急促的人，馬來西亞人也並非零缺點。有些人談話似乎可以無拘無束，親密無間，甚至稱兄道弟。然而也有的一旦涉及利益即避而不談，表面上和和氣氣卻經常在背地裡中傷人。

因此，你到馬來西亞旅行時，別傻傻地認為滿街上的都是好人。無論到哪裡，都要入鄉隨俗，不帶惡意地試著適應各個地方的文化差異和體驗文化衝擊，且要有紀律，更要學習尊重別人的文化。身在異地向他人介紹自己來自哪一個地方的時候，切記要提醒自己，言行舉止都要配得起自己的地方。

我在書寫這本書的期間，看到一則發生在馬來西亞，鬧得沸沸揚揚的事情。事情的緣由是七人在某家小店用餐，花費七十三令吉。女事主覺得昂貴，便找老闆娘逐樣詢問價錢。那家小店向來生意好，可能老闆娘忙不過來，也可能女事主早已心有不忿，於是在店裡撒潑，亂砸東西、扯老闆娘的頭髮。女事主的丈夫見狀不僅不勸架，反而加入陣營，推了老闆娘一把。年紀老大不小的老闆娘被牛高馬大的男人一推，立即跌倒在地，旁邊就是一大鍋燒得滾燙的沸水。幸好沸水鍋沒倒下，否則後果不堪設想。

鬧事的女事主率先報警，警察對老闆娘的女兒表示若她們也要提告，就得一併關押在牢裡一夜，嚇得女事主連忙撤銷報案，希望息事寧人。後來，女事主在社交媒體上以恣意妄為的態度發出囂張跋扈的言論，老闆娘的女兒在數日後寫了一則體面的道歉文，贏得公眾的掌聲，更有很多遠道而來的人以消費表示支持。

嘴巴長在自己臉上，能否好好說話，不是生養父母能管得了；倘若歸國家來管，就是依法治人。我們如何發出聲音，傳達訊息，端看個人修養。人一旦擁有過多自由，卻沒有足夠智慧，自由就會被濫用為傷人害己的利器。後果，都是需要由自己承擔呢！

從故事中發現成長的智慧

每個人都有自己的敘述方式。在講述自己的故事時，我們往往會不自覺地選擇某種敘述方式，而這種方式反映了我們對自我的認知。通過分析自己講故事的模式，可以試著發現是否經常把自己置身於某個固定的角色，比如總是把自己看成一個失敗者、受害者，或者一個成功者。初時，我們可能會面對許多負面情緒，但通過一次又一次的敍述，你可以從故事中發現智慧。

故事包含一個人成長和學習的線索。通過訴說，我們能夠洞察當前的內心狀態，覺察內在的情感、信念和價值觀。寫下這些故事時，我們不得不思考自己為什麼選擇講述這些故事，以及這些故事對自己的意義。這種覺察有助看見內心的需求、恐懼和渴望，並通過反思故事中的行為和選擇，發現自己潛在的信念和價值觀，理解它們如何影響生活中的決策。

說故事，也是進行人生回顧。從中反思過去做錯了什麼，愧對哪些人，哪些人又是我們必須及時道謝、道愛、道歉的。說故事的同時，也啟發我們對未來的期盼，從中清晰地看到未來的發展方向，重新思考你想成為怎樣的人。因此，你可以主動選擇將過去的故事視作未來發展的基礎，從而積極地改變。

如實如是地對別人訴說故事並不容易，過程如同在陌生人的面前卸下遮羞布一樣，需要赤裸裸地向別人展示自己脆弱的一面。因此，當你在聆聽他人的故事時，請保持開放的心態。倘若別人沒有向你尋求建議，那就不要給予他人意見，畢竟大家生活裡更缺乏的是無條件接納他人的聆聽者。保持開放的心態，你還能從別人的故事裡引起自己的共鳴，從而帶來新的認知和領悟。

聲

sound

02

烙印在靈魂裡的故事

Stories that are imprinted in the soul

我看到的花，你永遠看不到，
所以我們無法分享真正的花，
我們只能假裝我們在分享，
而這是非常孤獨的。
我永遠不能和你分享我正經歷的。
我所經歷的，
只有我能經歷。

宗薩欽哲仁波切

打從出生那天起，我們就接收來自四面八方的聲音。甚至在母親的肚子裡已經開始聽到聲音：來自父母滿心期待生命降臨的歡呼聲；偶爾是母親的煩躁聲，聽說是因荷爾蒙失調導致。叫媽媽的女人跟叫爸爸的男人期待著我的降臨時，也會因小事吵吵鬧鬧。那時候的我們，大概還不知道這兩個人跟自己有什麼關係，但他們的聲音絕對是我們最初聽見的聲音，不管我們是否願意。

離開娘胎那一刻，護士拍拍嬰兒的屁股，確保孩子必須能放聲大哭。聽到我們的哭聲，他們就笑了起來。那時候，我們不知道哭和笑有什麼分別，一切都只是聲音而已。再大一些，我們開始懂得觀察大人的表情，開始知道即使是同樣的聲音，都是有分別的。像我們叫媽媽的時候。他們驚訝；他們笑，我們也跟著笑。可等我們再大一些，可能我們叫媽媽、叫爸爸的時候，他們開始皺眉頭。那時候，我們大概上幼稚園了，他們開始對我們的疑問感到不耐煩。

可能從那一刻開始，我們發現所有的聲音都跟情緒綑綁在一起。早上聽到校巴的聲音，有的小朋友不情不願，扭扭捏捏的，或帶點小脾氣地走出門口。這時候爸媽可能會瞪大眼睛地大聲吆喝；有的小朋友聽到校車的鳴笛聲，可能會像隻小鳥飛奔過去，他們迫不及待地上校車，可能上學對他們來說很有趣，但這樣的小朋友可能少之又少；有的父母可能會不捨得小心肝頭也不回地離開他們，便會輕聲嘆氣，甚至發出小小的埋怨：「連再見也不說一聲」；也有的父母可能會很開心，希望孩子永遠歡歡喜喜地上學，那樣他們就有幾個小時的私人時間（me time），不用回應小孩的十萬個為什麼，甚至不用聽小孩說些不著邊際的話。

從幼稚園、小學、中學到大學，父母師長對孩子期許的聲音，無論再溫柔皆猶如巨浪大潮，內心最樸素的訴求與渴望，包括理想，終究被撲面而來的巨浪吞噬。我們漸漸失去了自己的聲音，同時，我們失去了自己。

當我們成為一個真正的男人或女人，當我們成為孩子的父親或母親時，我們也許活成當初那個撲滅孩子希望，掐住孩子喉嚨的大人。那些沒有被聽見的聲音，其實是內心深處最希望被聆聽的故事。

聲音終究自帶意義：街道上的鳴笛聲、孩子蹦蹦跳跳的聲音、樹林裡的鳥啼聲、沙灘的海浪聲、父母對孩子的打罵聲、打破杯子的聲音、上司的喝斥聲……一切聲音都悄然地在我們的心裡建立了意義，貼上了標籤，如憤怒、放鬆、自卑、驚嚇等等。伴隨這些聲音而來的心理活動，漸漸地對身心靈產生影響。

我們活著，走著，沉默著，也壓抑著。漸漸地，我們變成一個老人。老人似乎更沒有發言權，心底裡更覺得沒有必要為自己發言。不被聽見的聲音，此時此刻是如此蒼白，卻又如此劇烈。

總之，這一切都是聲音。我們這一生，透過聲音收集、釋放了許多密碼。我們對聲音還產生了分別心，例如打雷聲和雨聲：我們懼怕雷聲，但可能喜歡聆聽雨聲。轟隆的雷聲像擊中心輪，無論是大人還是小孩，甚至寵物，大都會因為雷聲而受到驚嚇，心裡感到懼怕；可雨聲卻讓人放鬆，滴滴答答的雨聲能助眠，能安撫浮躁的內心，甚至能幫助冥想。

我們有否探索過聲音與自己的關係？我們對雷聲的恐懼或驚嚇，究竟是來自打雷本身，抑或是對雷聲產生的聯想？

聲音，是清晨的鬧鐘聲、鳥鳴聲、蟬叫聲、腳步聲、廚房裡的砂煲罌罉。聲音可以是噪音，也可以是治癒靈魂的聲音。聲音本身不具意義，但當我們賦予其意義時，便應當回到內在，重新與自己連接，讓聲音成為療癒的契機。

一切，從我結束一段感情開始說起……

我談過兩三段感情，最後一段在二〇一一年結束。對方是佛教徒，是我很珍惜的人，因此在分開初期，我深陷泥潭，迷失在混沌的聲音裡。我的內心充滿恐懼，伴隨而來的複雜情緒包括不甘心、悲傷等等。那段時間，我完全聽不到內心真實且純粹的聲音。我迷失，甚至弄丟了自己。所幸那段時間我還持續分享陰瑜伽，尚能在修習中獲得滋養，逐漸聆聽到內心的控訴。

小時候從原生家庭得不到滋養，長大後就會想盡辦法從伴侶身上索求。那時候，我在感情上是個不容易被滿足的人，和伴侶相處時情緒特別多。我總是想從對方身上得到更多，當對方滿足不到我的要求時，我抱怨，發脾氣。那時候，我完全忽略對方一直以來默默地為我付出，一直到我的內心變得稍微清澈，內在的聲音才逐漸變得清明。

我開始意識到，我的內在有個填不滿的黑洞。任憑對方為我付出多少，滿足了多少需求，只要有一樣沒有被滿足，我就漠視對方過去所有的付出。內在的黑洞源自無明，那是他人無論付出再多都無法填滿。因此，對方開始心力交瘁，逐漸變得沉默。當時，我認為他以冷暴力對待我，不願意溝通，讓我飽受折磨。

我恐懼失去眼前人，很努力地做了許多事情來補救，這段感情卻還是無可挽回。並且當我越用力抓住對方，對方就越窒息，越想要離開。最終，我們還是分手了。

我用了很長的時間來療傷。偶爾，我在夜深人靜時躲在被窩默默流淚。頭腦響起很多聲音的同時，內心亦上演很多小劇場，導致內耗。可每當我走進陰瑜伽教室，便自然專注於當下，忘卻悲傷。漸漸地，我明白情緒越是回應事情，事情就越過不去。

待眼淚流乾以後，內在一股明淨的聲音引導我去學習感恩。我逐漸明白當時對我來說的冷暴力，其實是來自對方的保護。對方不想讓彼此受到更多傷害，所以選擇沉默。畢竟，任何在情緒驅使下的溝通或交流，都不是真正的溝通或交流，那僅僅是在回應自己的憤怒、不甘或恐懼等情緒。

十年過去了，張學友在《又十年》裡有段歌詞：

一眨眼　又是一個十年
那些瓜葛糾結
在某一天突然迎刃而解
一眨眼　又是一個十年

對於人生起跌　一知半解
我卻已經懂得　應變

這是我如今的感慨。我相信任何來到生命裡的人，都是來幫助我們完成生命的功課。完成了，能量頻率跟著改變，頻率不同的人自然離開。因此，不要糾結從自己生命中淡出的人。

人際關係中的經歷，影響我們的情感反應、依附模式、親密關係以及對他人的信任。比如，童年時與父母的互動，影響我們成年後如何處理親密關係、如何表達情感以及對他人的信任。童年裡如果經常被否認、被拒絕，成年後可能對關係保持警惕。我們在情感裡的經歷，如愛、失落、背叛等等，都會影響我們對情感的處理和反應。

二〇二〇年十二月底，我回到馬來西亞，斷捨離家裡的東西後搬到雙子塔附近住了將近半年，日子過得挺快樂。隨後，我又去了日本。在日本生活兩年後，我整理了那段感情，也整理了自己四十八年的人生。在這過程中，我逐漸找回自己。

經歷，賦予一個人在社會中扮演的角色，而角色又影響我們如何定義自己。經歷越多的人，往往擁有更加複雜的自我認知和多元的身份定義，這種多樣性可以幫助我們更全面地理解自己。

我想，書寫一本關於聲音療法的書的機緣到了。於是，我開始到處收集聲音，也邀請朋友書寫自己的故事。我希望藉此讓讀者朋友在閱讀這些故事時，也能審視自己，省思我們在不同的經歷中，扮演不同的角色時，每一個角色的經歷如何影響我們怎樣看待自己，怎樣定義自己。成功的職業經歷也許會讓我們形成「我是一名有能力的專業人士」的身份認同；而家庭會讓我們覺得自己在家庭中有某種特定的責任或角色。

這些聲音來自哪裡？這些聲音如何塑造我們？當我們在訴說自己的過往，自己的人生故事時，也要省視應如何看待自己，應如何看待別人，並在失落的聲音中尋找自己，看見自己，找回內在的力量。

聲音一：那些男士們 Michelle｜馬來西亞

綜合我收集到一些男性朋友的故事，我發現每一個人都會因性別而肩負多重角色。身為一個男人，同時也是父母的兒子、太太的丈夫、兒女的父親。這讓不善傾訴的男性來說，需要承受很多、很大的壓力。父親在孩子的面前，需要時時刻刻地以身作則，做個好榜樣。身為男人，總覺得自己必須要承擔一切，自然背負很重的包袱。

男人的榜樣來自第一個接觸的男性。從小看著爸爸為了讓全家人三餐溫飽，為了成為家人的避風港而早出晚歸，孩子就會在心裡告訴自己，將來也要像爸爸那樣照顧好家裡人：「一旦爸爸老了，身體大不如前，就換我來照顧這個家。我要做個像爸爸一樣有責任感的男人。」

父親和母親在家庭中各司其職，沒有誰比誰更重要。況且，每個家庭的情況和需求不一樣，因此父母的角色和責任也會有所不同。

不過，在華人的傳統觀念中，父親被視為家庭的頂樑柱，負責支撐經濟，大多具權威性；母親通常被視為主要的照顧者和情感支持的提供者。然而，現代家庭結構的變化和性別角色的多樣化，使這種分工再也不是絕對。很多父親也參與到育兒和家庭生活中，而許多母親也承擔起經濟責任。

除了扮演角色之外，還要好好照顧自己，感謝自己，愛自己。這樣才有足夠的能力和力量好好愛身邊每一個人。養成這樣的思維，一切就不會再是壓力，而是愛的動力。做任何一件事，心裡都是開心的。只要開心，自然懂得感恩和知足。

聲音二：我是一位母親

無名氏——中國香港

二〇二三年，兒子大學畢業後投身社會，身為母親的我終於鬆一口氣。廿載為人母的心路歷程，是我人生中非常重要的學習階段。身心疲累之際，在尋找釋放壓力的渠道時，我接觸到瑜伽。因緣和合下，在人生下半場轉職為瑜伽導師。

香港女性得兼顧家庭和事業，這角色令人身心疲累。我們普遍有受教育的機會，畢業後自然而然地邊工作邊發展事業。婚後成為人母，有的放棄工作，留在家中相夫教子；但大部分依然邊工作邊照料家庭，以增加家庭收入，提升生活質素。我們亦希望在工作中找到人生目標，保有財政獨立之餘，亦不至於與社會脫節。這種事業型女性乍看獨立自主，但其實壓力巨大，心情沉重。

我是一位比較獨立、有理想的女性，所以成為母親後沒考慮放棄工作。在家裡，我肩負妻子、母親的責任。工作之後，我要做飯、操持家務等等，以維持一個家庭該有的溫暖。

我和丈夫經歷了流產的失落與哀痛，很努力才成功與兒子結緣，孩子出世後亦得大家的重視。但我沒有因此溺愛兒子，反之非常重視培養他的品格和修為，教育他良好的做人處事態度，培養獨立思考和分析能力，且要有探索精神，希望他日後能勇於面對生活中的磨難。

兒子出世後，我的日常生活習慣起了重大改變。我把工餘時間全都留給兒子。很多在職媽媽都有過這樣的經歷：上班時將嬰孩交由祖母、外祖母或外傭照顧。與嬰孩相聚的時間短，心裡難免對照顧嬰孩一事特別緊張，因此偶爾引起紛爭，更因不滿及擔憂，導致互相批評、指責，進而產生家庭矛盾。當然，這都是雙方基於愛護小孩，為孩子好而堅持立場所致。

孩子在準備接受教育之際，我們面臨的複雜情緒，彷彿是一場惡夢的開始！孩子的教育對父母來說是重大抉擇。選擇一間優質的學校，對孩子的將來有深遠的影響，父母為了讓孩子入讀名校，必須提前作準備。我也為此搬家、讓兒子轉校。我希望兒子在理想的讀書環境下愉快地學習，這固然與我的童年有關。我在傳統名校受教育，在填鴨式教育的制度下成長，學生時代就只有書本和功課。我對書本及閱讀不感興趣，但常常花大量時間去應付功課、測驗、考試。過程非常吃力，成績卻不理想。

我十分討厭傳統的教育制度，所以不希望孩子重蹈覆轍。可惜現實與理想難以取得平衡：當兒子的成績不理想時，我十分緊張和焦慮，希望用盡一切方法為兒子解決學業障礙，卻在無形中與兒子產生磨擦。丈夫與我因育兒理念有分歧，經常會為不同問題爭拗，引起不愉快的情緒。

我的兒子像我：他性格開朗，活潑好動，喜愛說話和笑。他熱愛音樂和運動，卻同樣不愛讀書。我非常支持他參加感興趣的活動，希望他在其他方面得到啟發，從中建立自信。我堅信孩子找到人生目標後，一定會投入與專注其中，樂於為工作付出努力。

我記憶中的童年似乎蒼白。回想起來，我在童年時經常感到孤獨。讀書時很難融入同學及朋友的圈子，似乎也不是一個受歡迎的人物。在母親的管教下，家裡諸多限制，我不能隨意與朋友外出，需要準時回家。在別人眼中，我是文靜、乖巧、服從的小女孩，但其實我內心有很多不同的想法。我卻不敢，也不懂得如何表達。亦可能是沒有適當的聆聽者，以致我習慣隱藏內心的聲音。

我的母親對子女愛護有加，把家頭細務打理得井井有條，將家人的起居飲食安排及照顧得非常妥善。但母親非常傳統，且要求嚴格。在傳統的中國文化薰陶下，家庭必然是男主外、女主內。父親因工作長期不在香港，母親照顧子女的壓力更大。媽媽對我的要求特別多，而且她永遠是對的，我必須服從她。我不曾從她口中聽過一句鼓勵或安慰的說話，衝進耳裡的永遠是批評和不滿，稍微不合她心意便會換來責罵，而不是理解。這造成我不願意表達任何意見或訴說自己的感受，以致委屈的感覺一直積壓在我的心裡。逐漸地，我的表達能力越來越差，導致我缺乏信心。即使我身為人母，我與母親之間一直隔著一堵牆。我十分盼望能修補這段關係，可惜事與願違……

我以自身經歷為鑑，時常提醒自己要和兒子保持良好關係。跟孩子發生爭執或磨擦是平常事，尤其青春期是長個性的階段，彼此都會堅持己見。我深知母親應要先關照自己的情緒，給予孩子發聲的機會，且要耐心聆聽他們的心聲。在溝通中，給予正面的支持和鼓勵。畢竟，經營一個健康和快樂的家庭絕對不是一件容易的事，父母應該陪同子女一同學習和成長。子女只要感受到家庭溫暖，便自然願意與父母分享他們的生活點滴，家庭亦自然會產生和諧的聲音。

聲音三：我是父母的女兒

慧芬——馬來西亞

關於聲音，我最不喜歡的是……

• 別人在我面前以稱讚他人的方式來貶低我。在我的認知裡，每個人都是發光的獨立個體，沒有必要跟任何人比較。貶低我並不會幫助我成長，反而讓我失去本該有的自信，以致我不敢展現自己。

• 別人說：「你是姐姐，你應該要讓弟弟。」為什麼姐姐要懂事？為什麼姐姐必須比弟弟成熟？無論我再怎麼努力，做得多好，似乎都不會被看到，還被認為姐姐永遠做得不夠好，卻沒有人告訴我怎樣做才對。

• 別人用吆喝和批評的口吻來嫌棄我。這世上不存在絕對正確的答案，許多事情只要站到不同的角度去看，就會得到不同的答案。憑什麼要以一致的眼光和口氣來批評別人？

• 別人說：「你已經嫁出去，家裡的事就別管、別插手、別知道這麼多。」我雖然是出嫁了，但依然是爸媽的女兒。為什麼我離開家後，家裡的大小事務就要置身事外？為什麼已婚的我，就成了娘家裡的「外人」？

關於聲音，我最喜歡的是……

• 別人稱讚自己，無論是行為或者外表，甚至是事業。獲得他人的肯定代表我做了對的事情。被肯定能夠大大提升我的信心。

• 媽媽或別人說：「哇！你的女兒很厲害，蛋糕做得很美。」「哇！你女兒的瑜伽做得很棒，帶著寶寶也不影響運動，這心態真好！」「哇！你女兒很本事，一個人帶著三個孩子到處去，真的很獨立！」種種被肯定的聲音，不僅給我肯定和方向，更讓我覺得自己能夠讓媽媽在別人面前爭一口氣，讓媽媽為我感到光榮。

- 爸爸媽媽說：「我們沒有重男輕女，兒子和女兒一樣平等，我們一樣疼愛。」聽到這句話，我心裡平衡得多。不會因為自己是外嫁女，便成為老一輩人口中「嫁出去的女兒，就像潑出去的水」。
- 大自然的聲音。大自然的風聲，風穿過植物，樹葉搖擺時相互摩擦的聲音，海浪等聲音，都能夠釋放疲憊，提升正能量。
- 音樂。除了能夠讓我心情愉悅之外，同時也能達到情緒自癒的效果。
- 頌缽的聲音。它可以紓緩緊張和疲憊的情緒。

我今年三十五歲，這年齡對我來說最是尷尬。上有老，下有小，扛起工作就沒時間陪伴老小；放下工作陪伴孩子成長，自己卻很難保持經濟獨立。我從小由媽媽一手帶大，不管媽媽以前多艱難，都不曾把我和弟弟交給保姆照顧，從而灌輸我「不管生活如何艱苦，都要盡最大能力把孩子帶在身邊，陪伴他們長大」的觀念。所以我打從小時候，就默默在心裡跟自己說：「長大以後，一定要有自己的事業，才能自由地安排上班和陪伴孩子的時間。」

二十多歲初涉社會，談戀愛、同居幾年，父母親眼見身邊的親朋戚友開始抱孫子，便催促我結婚生子。年少無知的我向來被媽媽灌輸「作為一個完整的女人，應該要結婚生子」的想法。當時的我沒顧慮太多，天真地以為女人的一生必定如同媽媽所說的那樣。我沒料到，談戀愛和結婚生子完全是兩回事。

我從來沒想過，結婚生子後的生活會面對怎樣的挑戰和產生哪些變化。一腳踏入婚姻的墳墓，換來的是喜悅還是悲傷，我至今依然疑惑。喜悅是寶寶出世時，祝福紛至沓來；可背後要對孩子負一輩子的責任，心酸只有自己才懂。

親人離世時，爸爸交代我們日後不管生活過得怎樣，他都不希望我們把他送去養老院。這一點讓我感覺到父母無論如何，都希望晚年時可以跟兒孫生活在一起。

愛要及時，父母親時常灌輸我這樣的觀念——愛和孝順都是在世的事，而不是待他們去世時透過「風光大葬」做給別人看。因此，我努力地賺錢。我要在他們身體健康時，盡量多抽時間陪伴他們，讓能夠接受新鮮事物的他們到處走走，看看不一樣的風景，體驗和享受他們以前從來不敢或捨不得花錢去的地方。我希望在自己有能力時，竭盡所能給予他們需要的陪伴，以回報他們的養育之恩。

回顧我的人生，爸媽灌輸給我很多價值觀。媽媽教會我如何好好愛自己、怎麼把日子過得更好、更快樂。愛自己的第一步是把健康放在第一位，而健康的身體需要很多正面情緒來扶持。她教會我體諒和包容，畢竟，世上沒有十全十美的人，一切完美都來自體諒和包容。這都是我從媽媽身上學到最寶貴的價值觀。

爸爸帶給我的價值觀，是鼓勵、是陪伴、是智慧。爸爸不擅長表達，然而每當我遇到挫折，爸爸總是用簡單易懂的的話語來安撫我受創的心靈。雖然爸爸為了賺更多錢，為了給我們一家人過上更好的生活，一生都在為工作忙碌，但他從不會在我們需要他的時候缺席。婚後我才領悟，溫暖和諧不是每個家庭必然的氛圍。因為丈夫的家庭恰恰與我的原生家庭相反，他的童年裡，快樂缺席。

聲音四：我是一位單親媽媽

羅曼霞——馬來西亞

作為一個單親媽媽，我體會了「女子本弱，為母則強」的感受。

生長在重男輕女的家庭，我對「母親」這一角色的期望和重任有不同的觀念。女兒自小到大，在家裡無法得到與兒子一樣的寵愛和尊敬。要做個好母親的想法，在我內心深處裡根深蒂固，心裡盤算著以後身為人母，一定要讓孩子在健康的家庭中成長，為孩子樹立正確的家庭觀。

母親傳統封建的思想，認定女兒猶如「賠錢貨」，就是會嫁出去的外人，無須浪費金錢栽培，也沒必要接受高等教育，更不配繼承家業或獲得財產分配。此外，女兒必須承擔所有的家務，稍有疏忽就會遭受嚴重的體罰和惡言咒罵。在這樣的環境長大，我的身心受到極大傷害。

孩子年齡尚小時，我正面對離婚帶來的心酸和辛酸，以及擔憂和焦慮不安等種種情緒。但我從不在孩子面前表露出來！心酸，來自一段痛苦的婚姻。面對出軌及因嗜賭而負債纍纍的丈夫，除了導致財務損失，我在精神上也承受嚴重打擊。迷惘失落，徬徨無助的情緒只能藏在內心深處。我不能讓孩子看見母親的眼淚，我只能在無數個漆黑的夜裡獨自一人偷偷哭泣。

辛酸，是離婚時我帶著孩子淨身出戶。我獨自撐起家庭的重擔，在生活與困苦中砥礪前行，使我焦慮不安。除了要面對經濟煩惱和事業的辛酸外，還要操心孩子的健康，擔心孩子的學業以及憂慮孩子的前途，這種既無安全感又充滿恐懼的心情，實在是筆墨難以形容。

「山重水複疑無路，柳暗花明又一村。」我在人生低谷時期加入國際創價學會，並積極地參與各種文化教育和慈善的活動，同時勤修日蓮佛法及拜讀池田會長的著作。「孩子是看著母親的背影長大」，這話我銘記在心，時時刻刻提醒自己一定要成為一個堅強、明朗、民主的好母親。為此，這些年來即便生活千瘡百孔，回到家，我絕不把負面情緒發泄在孩子身上，以免影響孩子的身心健康。

我將佛學的教義實踐在生活中。我帶著兒子參與學會的活動，讓兒子在健康且充滿正能量的環境中成長。雖然處於逆境，心情卻喜悅愉快，且朝氣蓬勃，充實地度過每一天。

聲音五：我曾是舞女

王彩凌—新加坡

我出生於一個普通的小康家庭，上有四位哥哥，家庭算是溫暖。我十四歲輟學到外打工，十六歲與第一任丈夫交往，十八歲結婚生孩子。二十歲離婚，原因是第一任丈夫的家庭複雜。他的大哥販毒、吸毒，甚至把毒品帶回家，要弟妹幫忙處理。雖然當時年輕，但我尚能分辨是非黑白。我擔心一旦被警察發現，一家大小都會受牽連。不過，礙於沒錢離婚，我逃離到外打工，但又因不放心女兒，偶爾回去探望孩子。

有一次，我在夜裡準備離開時，碰見他帶一個女子回家過夜。那女的竟然是我的閨蜜。我躲到他姊姊的臥室，等他們進了房間才悄悄離開。我邊走邊默默地流淚，我捨不得我的孩子……

因為教育程度不高，我當時只能做舞女來賺取辦理離婚的費用。那時候的我夜夜笙歌，到的士高搖頭麻醉自己。家人還誤以為我拋棄家庭和孩子，四處找我。後來，我把真相告知哥哥，他勸我回家。我拒絕，因為我要賺錢。

受上天眷顧，我在夜總會認識了現任丈夫。他人很好，管理家族生意，當時還一心要幫我付錢辦理離婚手續。我同樣拒絕，因為我要對自己的選擇負責。

二〇〇一年，我們結婚。二〇〇三年與丈夫的第一個孩子出生，二〇〇五年老三出世。生完孩子後，我協助他打理新加坡業務。老公經常跑國外，有時候一出國就好幾個月才回來。每當他出國，我都哭得稀里嘩啦，朋友勸我找些課程來學，讓生活有所寄託。於是，我從二〇一五年開始學習瑜伽。

二〇一七年，礙於政府政策，老公生意下滑，幾乎患上抑鬱症。他擔心萬一生意倒閉，跟他打拚的人會無路可走，也憂慮無法繼續給我雙親付生活費。我勸他假如生意垮了，就不要一個人留在檳城，因為我家公二〇一五年在那裡被謀殺，這讓我內心感到不安。我告訴他，就算生意沒了，我也不會離開他，我只要他回來我身邊，一家人在一起就足夠。之後，他放棄檳城的生意，回到新加坡，並考了執照，開始駕駛 Grab。

二〇一九年，我考了瑜伽文憑。每天早上四點半起床搭巴士到我老闆家，先載他女兒上學，過後搭巴士到瑜伽館教課。我倆每天工作到晚上九點多才回家。這年，我們賣掉所有產業，在二〇二〇年一月搬到新家。四月，新冠病毒來襲，我們的事業也受影響，只能靠政府的補貼維持生活。幸運的是，老闆一家人對我特別照顧，讓我上門繼續教瑜伽。

聲音六：我是單親媽媽唯一的兒子

嘉詠—馬來西亞

在我心裡，媽媽是屹立在茫茫大海裡的一座燈塔，日日夜夜，歲歲年年照耀著漂流在大海，迷失方向的我。媽媽永遠是那指引、守護、期待小船回航的燈塔。

我在單親家庭中長大，自小就明白人生如戲，戲如人生。在這世界上，每個人都有各自的角色和責任。對於一個男人來說，人生首要扮演的第一個角色是兒子。做個好兒子，不僅是道德責任，更是親情和有擔當的體現。

對於中華民族來說，「百行以孝為先」。在父母跟前，我要做個好兒子，這是傳統孝義的美德，也是作為男人本該具備的品質及人格的實踐。

俗語說，「烏鴉反哺，羊羔跪乳」，動物都懂得感恩及回饋。牠們以行動詮釋了孝道和報恩，啟示人類應該銘記養育之恩，珍惜親情，孝順父母。《孝經》也提到「身體髮膚，受之父母，不敢毀傷，孝之始也。」人生的第一孝義，就是愛惜自己的生命和身體，作為母親唯一的兒子，我知道媽媽在我小時候就把全部注意力都集中在我身上。所以不管在健康和安全意識方面，我從不讓她擔心。

此外，作為一個兒子，尤其是獨生子，要懂得珍惜及感恩：珍惜父母的關愛和養育之恩。特別是在求學時期，一定要把握時光，努力學習，盡心盡力考取好成績，才不辜負父母的恩惠。經過五年的奮鬥，我在今年一月份完成了碩士學位，這也是讓母親引以為榮的事。

除了感恩之心，我必須要有諒解之心。母親千辛萬苦地養育我，她沒期望孩子的回報，只要得到孩子一句關心的問候就很快樂。人間最大的心靈摧殘，就是天天迫著父母為自己貢獻。關於這一點，我知道自己是單親家庭的兒子，所以我從來不對母親提出太多要求。我懂得體諒她的辛苦和艱難。

身為兒子，責任心非常重要。無論在社會上或家庭中，都要盡心盡責，在任何事情上都要有擔當的勇氣和能力。有責任心的男人，在事業上應該敢於面對自己的錯誤。通過反省、努力學習和改革來達到成功，才能承擔一家之主的責任。

近年來，母親長年在外工作。為了培養我獨立生活的能力，她把管家的責任交給我，頓時讓我體驗重大壓力！除了工作外，我還要處理家中的大小事。秉持佛學的教導，我努力地實踐「佛法即生活」，讓母親安心才是稱職的兒子。

母親是個虔誠的佛教徒。從小到大，她帶我去參加佛教會各種活動，不停把她在佛學中學習到的人生觀與生命價值觀灌輸給我，使我受益良多。因此，我雖然是獨生子，但在正能量的環境中長大，我並不覺得人生孤立無援。在佛法與生命哲學的薰陶下，我積極樂觀，每天的生活都充實和喜悅。

「我是誰」，是一個只有你自己才能回答的問題。不過，答案不是固定的，它會隨著你的成長和生活變化而不斷演變。「我」不是由過去和外在因素所定義的，你有權通過當下的選擇和未來，決定想要成為的樣子。你可以選擇生活方式、信仰、追求，並通過這些選擇來塑造自己。甚至，你還可以通過探索靈性或哲學的真諦，遇見未知的自己。持續地內省、聆聽內心、面對生活的體驗，方能逐漸找到自己真正的樣子。

從以下問題探索「我是誰」：

- 什麼對我最重要？
- 我最深的願望和渴望是什麼？
- 我的價值觀是什麼？它們如何塑造我？
- 我渴望成為誰？我的目標是什麼？

建議方法：

1 準備一張白紙和一支筆。

2 當你在問問題時，閉上眼睛，深呼吸，讓全身處於放鬆的狀態。

3 觀想自己被一道光圍繞著，繼續深呼吸，直到心情平靜下來。

4 張開眼睛，用另一隻手拿起筆在紙張上開始書寫答案。如果你的慣用手是右手，建議用左手；如果是左手，建議用右手。過程不要思考，盡情地寫。

5 寫完後，再次閉上眼睛，深呼吸。

6 張開眼睛後，準備一杯茶，小點心。閱讀你寫下的文字，並觀察內心的感受。

痛

pain

03

苦

成長的契機

Opportunities for growth

悲傷不是人生的盡頭，
黑暗隧道的盡頭一定有光！

絕大部分人在經歷失落事情的時候，首個情緒反應大多是來自世俗定義的「負能量」。在我來看，能量無正負之分。所謂正能量，源自我們喜歡某種帶給自己美好感受的感覺，反之亦然。但其實能量不該以正負、好壞來劃分。人們一旦有了分別心，就會在某種心理活動出現時為自己貼標籤，如在哭泣或發脾氣的同時，責備自己「我是一個臭脾氣的人」「我太懦弱了！」種種思緒疊加起來，就會變成複雜的情緒。為了活得體面，為了向世人展現自己是一個得體的人，我們隱藏起真實感受，越活越壓抑！

傷心難過時，哭泣是正常的情緒反應。但我們從小被教育「男子漢大丈夫，男兒有淚不輕彈」，這種根深蒂固的信念，讓男性壓抑內心的感受或真實想法，似乎也漸漸認為「男性流眼淚就不再是男子漢，一旦哭了就枉為大丈夫」。

美國精神病學家伊莉莎白．庫伯樂．羅斯（Elisabeth Kübler-Ross）在一九六九年提出「悲傷五階段」——否認、憤怒、討價還價、沮喪和接受。當發生失落事件時，人難免會經歷這五個階段，或在某些階段中反覆體驗。靈性與瑜伽修習皆將痛苦視為靈魂進化和成長的契機。人在痛苦的時候會問「為什麼」，這過程能促使自己往內尋找答案，探尋意識，進而淨化心靈，以尋獲內在的平靜和喜悅。

在心理學上，痛苦通常與情緒和心理狀態相關。痛苦可以是創傷、壓力、焦慮、抑鬱等情緒表現，一般可通過認知行為療法、正念療法等等協助人們重新審視和處理痛苦，減少對生活帶來負面影響。

痛苦的意義因人而異。對有些人來說，痛苦是懲罰或考驗；對另一些人來說，痛苦可以成為個人發展的催化劑。痛苦引導人們反思人生，重新定義自我；尋求真理或生命意義，是一種成長和轉變的機會。前者自憐自艾，後者想方設法離苦得樂。離苦得樂的核心，在於改變對痛苦的認知，通過不同的途徑，尋求內心的平靜與幸福。不曉得你是否觀察到，當我們感受到痛苦的時候，頭腦總是充斥著各種紛亂的聲音，內心跟著上演小劇場，且越演越烈。

痛苦源於人們對外在世界的錯誤認知和對欲望的執著。無論發生什麼事情，我們總是試圖尋找事情發生背後的意義。但意義是由我們賦予的，我們如何定義意義，就與自身的成長背景、教化有關。只要把這些「薰陶」拿掉，意義的角度就不一樣。

儘管如此，生而為人的我們還是免不了在不同人生階段經歷不同痛苦。它不僅僅是一種生理或心理狀態，更是一種深刻的存在體驗，試圖揭示痛苦在個人存在的意義。一旦我們不把它視為負面的感受，痛苦便能深刻反映當下的生命本質、存在狀態和個人成長。

接受生理性的痛，減少心理上的苦

人會老，身體會退化，這是無法逃避的事實。

二〇二四年年初，我在元宵節期間回到故鄉馬來西亞教課時，身體感到嚴重不適，便到醫院檢查。醫生告知我血壓頗高，隨時會中風，還說我血小板很少，血液裡有細菌。離開醫院後，我上網查找資料，發現有可能是敗血症。這突如其來的打擊頓時讓我驚慌失措。當天晚上，我和弟弟吃飯時說起這件事，他勸說叫我留在馬來西亞靜心調養三個月，待身體恢復健康才回日本。

隨後，我撥電給日本的好友，商量如何處理與安排在日本的工作時，朋友說：「你先不要緊張，也不要害怕，你回來日本，這裡有換血技術……」

回到日本後，朋友帶我去醫院檢查。醫生看著報告淡定地跟我說：「你只是高血壓，服用藥物就好，身體無其他大礙。」醫生解說，日本四季交替，每個季節身體都會出現變化。我的身體逐漸適應了當地的氣候，回到馬來西亞後氣溫驟變，身體適應不過來，才會出狀況。我再問醫生為何會突然高血壓，醫生說病因很多，包括飲食、生活、壓力等等。「我也有高血壓。」我看著他笑，這醫生還挺幽默的。

其實，身體不會「突然」不舒服，人智醫學主張人的身（Body）、心（Soul）和靈（Spirit）三位合一並和諧運作才是健康的泉源。倘若身心靈其中一方失衡，就會產生生理和心理的疾病。失衡的情緒是徵兆，身體不適往往是最後警號。很多時候，我們忽略了身體傳來的訊息，疾病便成了身體與情緒之間的最後通牒。

在這場有驚無險的驚嚇中，我發現心理上的苦未必會造成生理上的疼痛。但生理上的疼痛卻會讓人內心受苦。箇中原因是個人對疾病的無知而產生恐懼——

「我平時如果不喝那麼多咖啡，就不會患上高血壓！」

「都怪我的爸爸、爺爺，是他們遺傳給我的！」

「是那些人把我氣到高血壓的！」

倘若一味沉浸在受害者情節裡，就會掉入情緒的漩渦而無法自拔。

換個角度看，疾病是化了妝的禮物。倘若面對疾病時，內心深處響起種種增加苦惱的聲音，痛苦自然油然而生。但這份痛苦亦是化了妝的禮物，提醒我們要從心審視內在，重新調整失衡的生活或心理狀態。一旦我們因生病而產生過激反應，生理性痛苦和心理性痛苦就會相互影響，使我們身陷囹圄。

就像當有人知道我患上高血壓後，驚訝地表示「練瑜伽也會生病啊！」倘若我介意身為陰瑜伽分享者的自己也會生病的話，就會陷入心理性痛苦，覺得自己修行不到家，技不如人。隨之而來的是焦慮、抑鬱、悲傷、恐懼、愧疚或絕望，這不是會對個人的整體健康產生更重大影響嗎？

難道醫生就不會生病嗎？既然生病是無可避免的事，那就學習和疾病和平共處。感恩我能及早發現高血壓，才免於造成更嚴重的後果，如冠心病、中風、心力衰竭、動脈瘤、失智症甚至猝死等。

相較於其他重症，高血壓算是可控制的慢性病。只要調整飲食、生活習慣，生活

還是可以有品質，還是可以活到老。重症病人長期的生理性疼痛很可能會導致心理性痛苦，如焦慮或抑鬱。反之，心理性痛苦也可以加劇對生理性疼痛的感知，如抑鬱症患者可能對疼痛更加敏感，甚至在沒有明確生理原因的情況下感到身體不適。這些心理問題又會加劇疼痛感，形成惡性循環。

某些心理性和生理性痛苦可能共享相似的神經通路和生理機制。例如，大腦中的某些區域，如前扣帶回與島葉，既參與生理疼痛的感知，也涉及情緒調節和心理性痛苦的體驗。壓力和焦慮也可以通過內分泌系統影響疼痛感受，使得心理和生理痛苦交織在一起。

儘管心理性痛苦和生理性痛苦的起因和表現不同，且彼此之間存在著複雜的交互關係，理解兩者的關係對全面的治療和緩解痛苦至關重要，因為最終目標都是為了離苦得樂，達到內心的安寧與究竟的快樂。

痛苦的根源

「苦」是佛教教義中的核心概念。佛陀在四聖諦中首先指出了苦諦，即生命中的種種痛苦。佛教認為，苦的根源在於無明，是對真實本質的無知、貪欲和執著。具體來說，人生的「八苦」包括：

1 生苦：出生的痛苦。
2 老苦：衰老的痛苦。
3 病苦：疾病的痛苦。
4 死苦：死亡的痛苦。
5 愛別離苦：與所愛之人事物分離的痛苦。
6 怨憎會苦：與所厭惡的人事物相遇的痛苦。
7 求不得苦：追求無法得到的東西的痛苦。
8 五蘊熾盛苦：身體和精神因執著而產生的痛苦。

要「離苦」，得先要認識痛苦的存在及其根源。佛教認為，痛苦的根源在於貪、瞋、癡，即對欲望的執著、對事物的排斥以及對生命真相的無明。通過修行，逐步斷除痛苦的根源，就能實現離苦。

「得樂」，在佛教中指的是超越世俗的暫時快樂，達到持久的內心寧靜和究竟的解脫。這種「樂」不同於世俗的感官享受，而是一種深層次的心靈平靜與滿足。最終的「樂」，是涅槃。涅槃是超越生死輪迴的狀態，是徹底的解脫和究竟的安寧。

佛教提供了具體的修行方法來實現離苦得樂，主要包括以下幾個方面：

一）四聖諦：

苦諦：認識生命中的痛苦。

集諦：認識痛苦的根源在於貪慾和無明。

滅諦：相信可以通過修行來消除痛苦，達到涅槃。

道諦：通向涅槃的具體修行方法，培養八正道。

二）八正道：

正見：正確的理解，認識到四聖諦的真理。

正思維：正當的思維和意圖，避免貪、瞋、癡的念頭。

正語：正確的言語，包括不說謊、不惡語、不綺語。

正業：正確的行為，包括不殺生、不偷盜、不邪淫。

正命：正當的生活方式，不從事損害他人的職業。

正精進：持續努力修行，避免懈怠。

正念：保持覺知，專注於當下的每一刻。

正定：通過禪定獲得心靈的平靜和智慧。

三）戒、定、慧：

戒：通過持戒來約束行為，避免惡行。

定：通過禪定來集中注意力，培養內心的平靜。

慧：通過智慧來洞察無常、無我和苦的本質，從而脫離煩惱。

我雖以佛教的教義作為離苦得樂的修行，但八正道和戒、定、慧的智慧都蘊含在陰瑜伽的修持中。瑜伽行者透過從肉體到精神、極其完備的修持方法，平靜散亂的精神。從強健身體到身心合一，逐漸深化內在的精神，並在靜坐中喚醒人性與生命的至善。這種「樂」不僅是個體的安寧，也是一種更深層次的智慧與自由。

經歷會改變一個人對事物的認知。這樣的改變在於經歷身體上的痛與心靈上的苦後，是否還有能力聆聽內在真實的聲音。

我們是否習慣放大痛苦？

小疾病帶來的大驚嚇，讓我對陰瑜伽分享有更深入的體會。年輕的時候，人們難以感受身體衰老帶來的種種不便。當身體不適時，我們彷彿一夜變老，身體明顯變得僵硬得多。熬夜一個晚上，花一個星期也難以恢復元氣。我們的腸胃不再像年輕時那樣能胡吃海塞，身心經過長年累月的摧殘，終究迎來慢性病。這都是我們在變老的過程中，需要放寬心去接受與面對的現實。

我的人生即將進入知天命之年。前面的三、四十年，我活得很快樂；但當試煉出現時，我感覺很痛苦，就忘記自己曾經幸福快樂過，是因為人對痛苦的感受比快樂來得深刻。人可能絕大部分的時候都是快樂的，但因為並非一直處於快樂的狀態。所以當痛苦出現的時候，感受就會特別刻骨銘心，很可能是因為我們覺得快樂是理所當然。在幸福快樂的面前，我們忘了無常，就像在一段關係裡，我們認為對方應當要對我們好，在感情裡感受到幸福快樂是應該的，是理所當然的。一旦感情出現試煉，我們便受苦了。

好比我們習慣光顧某家咖啡館，每天在那家咖啡館喝到的巧克力飲料，味道都好極了。有天，這杯巧克力飲料的味道突然變淡了。我們開始與店家對峙，自此認定他們家的巧克力飲料變質，甚至從此以後決定不再光顧。

可是，我們跟這家咖啡館在過去一年都不曾發生過不愉快的經驗啊！我們為何就因為一次不好的經驗，就全盤否定它過去在味覺上為我們帶來的美好體驗，進而生氣，並推開它呢？此時，我們應該問問自己，是否慣性放大痛苦。就像在療癒的過程中，我們總是放大原生家庭帶來的傷害。我們習慣抓住痛苦，漠視曾經擁有的幸福快樂。

再深入探索，你會發現人是弔詭的生物。我們都嚮往幸福快樂，卻視幸福快樂為廉價之物。我們總不自覺地將心裡的畏懼和痛苦視為珍珠般呵護著，凝視著。當然，並非所有人都如此。這可能與人的性格有關，而性格往往又和我們從小接觸到的人事物，以及從環境中聆聽得來的聲音有關。無論我們接觸到哪些人事物，聆聽到何種聲音，在心智未成熟的年齡裡，它們全都是生命裡的養分。

回到靈魂的層面去看，這都是自己寫下的劇本。我們在不同階段遇到不同的人，經歷不同的事，都是幫助我們認識自己，找到自己，以完成此生的功課。

我蠻佩服一些活得很瀟灑的朋友，可能因為我深知自己不是這一類人。不過，我時時提醒自己要「活得簡單一些！」一個人不需要擁有很多朋友，才能建立社交生活。奧地利心理學家阿爾弗雷德・阿德勒（Alfred Adler）說過：「人類的煩惱，全都是人際關係的煩惱。」許多煩惱往往從自卑感開始。自卑，源於比較，因而才會有「鄰居的孩子比較聽話」和「別人的老公／老婆比較好」。然而，自卑可以是建立自信的催化劑。自卑不該是矮化自己，攻擊自己的武器。畢竟，在這個世界上沒有一種長相是最完美的，沒有一個身高和體重數字是最標準的。一個人的長相特質不是自卑的源頭，我們應該賦予意義才是！倘若太胖而影響健康，如氣喘、三高，就應以身體健康為前提而改變，而不是嫌棄自己太胖、臉上不夠漂亮而去抽脂，去整容。

所以做人啊，還是得學會輕鬆一些。我們不需要合群，不需要吃昂貴的食物，也不需要用名牌來證明自己的價值，展現自己的成就。許多人在物質獲得滿足後，開始困惑自己「為什麼活著？」自此展開尋找生命意義的道途。年輕時，我們被灌輸成功需建基於某些外在條件，如賺很多錢、住洋房、開跑車、結婚、生兒育女、穿戴名牌等等。可是擁有這一切也不代表內心是平安的，有力量的，更多時候，是迎來無以名狀的空虛感。我認為，這才是真正的苦！

外在的聲音與內在的聲音——Lucius K.（資深頌缽導師、「謐音・境」工作室創辦人之一）

聲音無處不在，你讓聲音成為你的阻礙，還是療癒密碼？你知道聲音可以幫助你從痛苦當中解脫嗎？

我們可以粗略地把聲音分為外在的聲音與內在的聲音。通常我們最熟悉的外在聲音，正是來自生活日常當中。大自然裡的蟲鳴鳥叫、海洋浪潮、瀑布聲、雷聲等；或是住在都市叢林之中，車水馬龍聲、門鈴聲、空調風扇運作的聲音、家人問候聲、頌缽聲、音樂聲等等，這些都是我們再熟悉不過的外在聲音。

你曾發現內在聲音的存在嗎？它就像是我們腦海中，無窮無盡、從未止歇的跑馬燈。那可能是「早餐該吃什麼？」「今天該穿怎樣的衣服？」「想去哪裡旅行？」「飲料應該點無糖、半糖還是全糖？」等等。從生活相關的層面，再到內在的層次，例如「我害怕自己的不完美」「害怕失敗」「我還要在一段失敗的關係中折磨多久？」「這一次的企劃會不會成功？」「我覺得自己應該要正面思考」等等。

其實，不論外在或內在的聲音，都會對不同階段的我們帶來正面或負面的影響。你往往無法控制這些聲音的來去，但透過不同聲音的情境刺激，它會像一個最了解你的朋友，在最完美的時刻出現，敲開你心中的大門。

這些聲音其實都是中性的，沒有好與壞之分。但因為我們過去的經驗，讓聲音有了好聲音或壞聲音的區別。過去的經驗讓我們的心還來不及覺察，就已經判斷聲音的好壞，進而讓你的心決定要接受，或是抗拒。

同一種聲音，對於不同人來說，也可能造成不同的反應與結果。舉例而言，有的人聽見下雨的聲音，感受到的是清涼、清淨、放鬆；而對某些人而言，因為過去負面的經驗，當他聽見下雨的聲音，可能引起內在的負面情緒。所以下雨聲對這個人來說，可能會引起不開心的情緒，甚至是抑鬱的反應。

但其實我們聽到的東西，都只是空氣在振動。這些振動傳到我們的耳朵，讓我們聽到「聲音」，僅此而已。

既然聲音是中性的，那究竟是什麼在影響我們聽到聲音的反應？

當身心因為聲音而出現反應時，我們又該如何面對、處理並轉化呢？

聲音靜心，練習一

現在請你閉上眼睛一分鐘，試著把專注力放到外在的聲音。你覺知了什麼？發現了什麼？身體、心理有沒有變化？感覺如何呢？

聲音靜心，練習二

請你再一次閉上眼睛一分鐘，試著把專注力放到內在的聲音。這一次你又覺知了什麼？發現了什麼？身體、心理有沒有變化？感覺如何呢？

把聲音轉化成靜心對象

我們每一個人都帶著過往的經驗生活，而這些過往的經驗，如同一個個在電腦裡封存的壓縮檔案。這些壓縮檔案有好有壞，裡頭有需要資源回收的垃圾，也有等待發掘的寶藏。當你經歷各種內、外在聲音的刺激時，所引動的每一個情緒、念頭，在適合的因緣條件下，這些壓縮檔案就會被刺激，並悄悄地甦醒過來，進而影響以你為核心的電腦系統，並作出相應行動。

在壓縮檔案因外在的刺激而偷偷地解壓縮的時候，我們往往沒有覺察到它的甦醒，而任由自己的身心、情緒、念頭受其影響而作出反應。

舉例而言，你因為長期處於高壓狀態，讓你成為一個不耐煩並易怒的人。在體感溫度高達四十度的夏天裡，家人打電話，請你順路到唯一的超級市場買些日用品。當你走進店裡，發現空調故障，商店又悶又熱，充斥著難聞的氣味。結帳隊伍排著長長的人龍，你的身體持續冒著濕黏的汗水，心中嘟囔著究竟還要排多久。等你終於準備結帳的時候，家人又急著打電話來，請你再添購更多東西。店員甚至不小心結錯了帳，還得要花上更長時間，才能完成整個購物過程……

請問在這個當下，這個容易不耐煩又易怒的你，會怎麼應對面前這一位算錯帳的店員呢？想當然，你不會給他好臉色與態度，甚至可能會數落、斥罵他。

這些無意識的行為是你的習性，也會慢慢變成你的人格特質，形塑出你的行為風格，並刻劃你的人生風景。有的人會用理智的頭腦說服自己「沒事，沒事……時間過了就好了」，但往往事與願違。

因為這個階段的我們，往往只關注自己，沒有在根本上真正認識自己，也無法真正地同理他人。當我們對自身的反應失去了覺知，沒有發現被封存的壓縮檔案，那麼惡性循環就會在適合的因緣條件下，不斷地重複上演。生命的智慧正是透過內、外在的聲音，敲響你心中的大門，幫助你從痛苦中解脫出來。能夠認出這些不舒服的感覺，其實是生命智慧給你大大的禮物，讓你有機會從中醒過來。

念頭與情緒是我們如影隨形、最好的朋友。在以下的靜心練習當中，我們練習與念頭、情緒做朋友，練習不抗拒、不加強、不壓抑地與之同在。當心中封存的壓縮檔案在適當的因緣條件下被喚醒，透過靜心練習，我們將慢慢地開始成為情緒與念頭的主人。將情緒與念頭轉為靜心練習的對象，就不再需要刻意地壓抑或刪除，而是可以更自在地與之同在。

練習靜心不是讓你沒有情緒或沒有念頭。反之，靜心將可以幫助你把生活中所有聲音，轉化成靜心的對象，幫助你更深入地認識自己。而你也能培養更強壯的心靈力量，進而更加了解他人，同理他人，慈悲他人。

靜心練習——五分鐘

1 請你輕輕地閉上眼睛，帶著自己來到一個敞開、放鬆的狀態。

2 請你試著覺知：在這一個當下的自己，有沒有任何情緒、念頭正在發生？情緒可以是開心、幸福，也可能是憂傷、不耐煩、憤怒等等。不論正向或是負向，都可以作為靜心練習的對象。

如果有，請你試著覺知它、看著它並與之同在。此時你不需要做出任何調整與改變，也不需要探究這些反應的成因。請你只是很單純地與情緒、念頭同在，覺知著、看著它就可以了。

在練習的過程中，如果有任何身體反應，例如呼吸的改變、想哭、想笑……都沒關係，只要覺知著就可以了。允許這些反應自然地發生，不加強，也不壓抑這些感受。

3 最後，再帶著你自己回到一開始敞開、放鬆的狀態。

聲音是中性的

如果想讓聲音成為轉化生命的療癒密碼，首先得認出「聲音是中性」的本質。

當我們理解到聲音的本質是中性之後，接下來我們可以進入適合所有人、最基礎的聲音靜心練習。

外在的聲音靜心練習——三分鐘——

1 請你輕輕地閉上眼睛，帶著自己來到一個敞開、放鬆的狀態。允許此時此刻，所有外在聲音的存在。不論當下的聲音是悅耳的，還是惱人的，你只要覺知著聲音就好了。

你可以任意變換聲音練習對象。舉例而言，你可以先覺知到風扇轉動的聲音，再留意到窗外蟲鳴鳥叫的聲音，或再轉換到空間中其他人說話的聲音等等。只要是任何正在發生的聲音，都可以拿來當作練習的對象。在靜心練習當中，轉移對象聲音也是可以的，當然你也可以單一地選擇某一種特定聲音作為你的練習主題。例如：我坐在清澈的河流旁邊，我選擇只以河水流動的聲音作為靜心練習的對象。

整個過程只要提醒自己：「我正在利用聲音來練習靜心」。就算是聽得懂的對話、嬰兒的哭鬧聲也可以拿來作為靜心的練習。你不需要理解聲音的內容，你只要知道「我正在聆聽」就好了。

2　允許任何情緒或是念頭，甚至是身體反應的出現，並持續地覺知著聲音。

如果反應太強烈，讓你無法好好靜下心來，你可以稍微休息一下，站起身走動走動，深呼吸數次，調整一下心情，再繼續練習，或直接結束。

內在的聲音靜心練習——三分鐘

1　請你輕輕地閉上眼睛，帶著自己來到一個敞開、放鬆的狀態。

2　試著去覺知一下，當下有沒有正在發生的內在聲音？

例如說，你要在一百人面前演講。出現的各種內在聲音會是：內容是不是都準備好了？上台當天能不能準時到達？身體是否無恙？聽眾能不能夠接收到你想要傳達的訊息？等等。

3 請你允許內在聲音的浮現。讓你的覺知像是天空一樣，這些內在的聲音如天空中的浮雲，有大有小、有厚有薄，可以來來去去。覺知著這些內在聲音，也允許如雲朵般的內在聲音自由來去。你不需要參與這些聲音，只是帶著一點距離，看著而已。

4 最後，再一次帶著自己回到一個敞開、放鬆的狀態。

這個聲音靜心練習適合所有人，可以在生活的各種情境中練習。練習時可以睜開眼睛或閉上眼睛。它是我們準備轉化生命、從痛苦當中解脫的入門。當你持續練習，你將有機會與這些聲音保持一定的內在距離。不論外在的聲音，還是內在的聲音，好的聲音或是不好的聲音，都能成為你的好朋友。讓你的內在心靈力量開始一點一滴地累積，讓自身的狀態更加穩定，讓內心面對各種情況時變得更有彈性，這就能開展出更寬闊的內在空間。

療癒

Healing Secret

04

放下前，先提起來

Lift up before you put it down

密碼

痛苦的重量來自執念膠著的狀態，
而我們的靈魂，
最終僅有二十一克。

一個人在成長過程中，難免受到來自他人，如父母、老師、朋友、社會或媒體等聲音的影響，尤其是在人格形成的早期階段。有時候，來自外在世界的聲音，例如父母和教師的期望、同儕壓力、社會對成功的定義……皆會干擾個體的自我認知和決策。

人若無法區分哪些聲音應該被接納，哪些聲音應該被質疑或拒絕時，很可能會影響對自己的價值判斷。如果這些聲音過於強烈，或與自己的內在價值不一致，他們亦會因此否定自己，陷入自我懷疑和焦慮，並削弱自信與自尊。或會失去自我，變得不再真實，甚至放棄自己原本的想法和目標。

面對強大的社會壓力時，許多人會選擇順從外界的聲音，遵循社會期望和家庭意願。順從是社會對孝順的要求，但是順從的另一面是壓抑。或許能在短期內減少矛盾和衝突，但長久下來則會導致內心積壓許多不滿和失落。當一個人總是為了迎合外界聲音而壓抑自己真實的需求和渴望時，難免會感到痛苦，這是因為生活逐漸偏離了自己的期待和目標。

很多父母經常羨慕別人家的孩子，總是認為別人的孩子比自家孩子聽話、聰明、孝順等等。然而需要小心，過度聽話、懂事或順從的孩子是危險的信號！無論是成人還是小孩，當一個人長久維持「好」的狀態，表示這個人長期壓抑自己的需求、隱藏自己的情緒。所有被壓抑與隱藏的情緒就像一座沉睡的火山，積累的情緒總有一天會被導火線點燃。本來乖巧的孩子，剎那間說出攻擊性的言語和做出破壞性行為，又或自此躲在臥室，不願意面對世界。

無論你是男或女，是父母或是孩子，是單身還是已婚，是企業家抑或是打工族，都要記得你絕對有權利表達自己真實的想法，以及有權利成為自己，實踐自己的價值。任何人給予你的意見，即便是出於善意的，都僅能作為參考，切勿照單全收，或顧及顏面與交情而不敢拒絕他人的好意。你得學會分辨哪些外界的聲音對自己有益，或是適合自己的，是自己需要的，並且勇於拒絕那些給自己帶來痛苦的聲音。

轉化內在聲音，讓內心平靜與和諧

內在的聲音是心靈深處的自我對話。它反映一個人的內心世界，影響我們的情緒和心理狀態，塑造人們對自己的價值判斷，影響我們如何感知和理解外界的事件，以及對情緒的調節方式。因此，如何與自己對話很重要，因為對話可以是積極的、有建設性的，也可能是負面的、批判的。不變的是，不同的自我對話方式直接影響我們的情緒。

用鼓勵、支持和善意的話語來跟自己對話時，內心往往會感受到自信、滿足和幸福等正面情緒。比方說，面對挑戰時，如果內在聲音告訴自己「我可以做到」或

「我已經盡力了」，這種積極的自我對話能帶來自我肯定，減少焦慮和壓力，在困難面前還能保持情緒穩定。

反之亦然。消極的內在聲音往往會把問題放大，甚至把正面的事件看成負面。如果內在總是充斥責備的聲音，如「我不夠好」或「我總是把事情搞砸」諸如此類，種種充滿批評、懷疑或指責的負面對話，都會加深內疚感和增加壓力，甚至引發消極的情緒，或導致情緒惡化。

內在的聲音往往源自我們的核心信念，它反映出一個人對自我身份的認知。正向的信念通常能使情緒保持穩定和樂觀。倘若一個人相信自己是有價值的、是值得被愛的，以及世界是安全的，內心自然穩穩妥妥地住著一份安全感，即便面對挑戰和不確定性時也能充滿自信。

災難化、過度概括或極端化的思維，都可以通過內在聲音影響情緒。消極思維會產生消極情緒，而這些情緒又會加強消極的內在聲音，形成惡性循環。當內在聲音常常預見最壞的結果，如總是認為自己不值得被愛，覺得別人老是傷害自己，又或內在的聲音認定自己是「失敗者」「倒霉鬼」，長久下來，這些負面的自我認同漸漸使自己變得焦慮不安、自卑、疑心重、恐懼和抑鬱，影響人際關係和自我認同。

這些信念如果不被覺察，就會在潛意識的層面持續影響，並不斷強化負面情緒。但是，如果我們能夠有意識地覺察內在的聲音並改變它，就能有效地管理情緒。為此，當感到焦慮或壓力時，可以有意識地使用積極的內在聲音來調節情緒，告訴自己「一切都是最好的安排」「這只是暫時性的」，藉以緩解焦慮，幫助我們更好地應對挑戰。

同樣，我們也可以通過內在聲音激勵自己，激發正向情緒。在需要鼓勵和動力時，不要總是期待別人能及時給予認同，嘗試對自己說「我相信我能夠做到」「失敗了也沒關係」「我可以犯錯的」。如此一來，便能提升自信心，帶來積極正向的情緒。

我們抗拒不了內在的聲音，即使摀住耳朵也不能屏蔽那些擾亂心緒的聲音。甚至越抗拒，聲音就越如雷貫耳。我們身上也沒有一個按鈕能夠停止一切的聲音，或終止聲音產生情緒和感受。不過，我們可以讓內在的聲音變成重要的情緒調節器。我們不能一味透過壓抑情緒讓自己如如不動，我們也要學習管理自己的情緒。從聲音裡覺察情緒，從情緒裡傾聽那些不被聽見的故事，也從故事裡看見一直以來被忽視的內在小孩。唯有轉化內在的聲音，才能培養內心的平靜，在生活中感受到內外皆和諧。

陰瑜伽、呼吸、冥想：聆聽內在聲音

這是一個讓自己回歸內在、發現真實自我的過程。多年累積的教學經驗，加上學員的分享，陰瑜伽結合身體的姿勢、呼吸和冥想，著實有助降低外界的干擾，從而令我們更清晰地聆聽內心的聲音。

陰瑜伽（Yin Yoga）

我們很少有機會真正停下來傾聽自己的內心，陰瑜伽恰恰提供了這樣的一個空間。陰瑜伽體式透過長時間的體位停留，讓肌肉達到深層放鬆，體內的深層結締組織如筋膜、韌帶和關節同時都能獲得滋養。

陰瑜伽的節奏非常緩慢，我們不用要求在練習過程中做出完美的體式，而是專注內在的體驗。這種態度使我們從外界的期望和標準中解放出來，轉而將注意力集中在身體、呼吸和感受當中。

每個體式通常需要保持三分鐘。當我們停留在某個體位時，可能會感到緊張或不適，但靜止的狀態讓我們從身體的感受，進入到與心靈對話。這些感覺通常與未被釋放的情緒、壓力或創傷有關。通過持續練習，人們開始能夠敏銳地察覺到身體發出的信號。人們在緩慢、持久的停留過程中，與內在產生深度連接。當我們耐心地接納和面對它們時，便能更清晰地聆聽內在的需求和感受，識別出被忽視的情緒和心靈渴望。

這是一段在靜默中深度覺察自我的修煉過程。人們將與內在聲音有更深層次的連接，學會在日常生活中敏銳地覺察自己的言行舉止，不再輕易被外界的聲音左右。

專注呼吸（Pranayama）

呼吸是連接身體與心靈的重要橋樑。專注呼吸是簡單又深刻的正念練習，它不僅是維持生命的基礎，同時直接反映，並影響著情緒和內心狀態。

瑜伽中的呼吸練習可協助練習者調節情緒，平靜心神。交替鼻孔呼吸法（Nadi Shodhana）在瑜伽中較為常見，這種呼吸能夠平衡左右腦，減少焦慮和壓力，讓心靈變得更清明，引導我們靜下心來，傾聽內在的聲音。倘若你不曉得如何操作交替鼻孔呼吸，可純粹將專注力放在緩慢而有意識的呼吸。吸氣時，感覺氣息填滿腹部；呼氣時，感覺壓力隨呼氣而釋放。

心靈的安靜，往往能夠讓我們更加清晰地意識到那些原本被忽視的內在聲音。專注於呼吸的過程，更容易讓我們察覺到身體的緊張、壓力或情緒波動。焦慮時，呼吸通常會急促；放鬆時，呼吸則深長平穩。通過觀察這些細微的變化，我們能夠更好地理解自己當下的情緒狀態。隨著覺察力的提升，我們能夠傾聽到身體與情緒的需求和信號，學會回應內在的呼喚。

當我們將注意力集中在呼吸上，外界的雜音、焦慮和繁雜的思緒會逐漸消退。通過有意識地觀察每一口吸氣與呼氣，你會發現無論頭腦多紛亂，聲音多嘈雜，只要將專注力放在呼吸上。安靜，就在一呼一吸間降臨。

冥想（Meditation）

冥想可以幫助人們將外界聲音和頭腦裡雜亂的思緒隔絕開來，進入一種專注與寧靜的狀態。有瑜伽基礎的較能在冥想時專注呼吸。未曾接觸過瑜伽的人，不妨在

YouTube 輸入「冥想音樂」四字，從中選擇適合當下能量狀態的音樂。冥想音樂包括大自然的聲音，如潺潺流水聲或鳥鳴聲，當中也有唱誦宇宙基本聲音（AUM）和不同頻率的頌缽音頻。專注聆聽這些音樂，可降低大腦裡的雜音干擾。

冥想能培養人們對當下的覺知力，能更敏銳地感知身體和內心的微妙變化。冥想時，許多潛在的情緒、未表達的感受可能會浮現出來。是的，情緒也是一種聲音：當你快樂時，快樂在告訴你：「你的心理正處於滿足的狀態，你感受到愛和支持，你的生活是充實的」；當你憤怒的時候，憤怒在告訴你：「你的情感需求被忽略了，你的邊界被侵犯了」；當你感到尷尬時，尷尬在告訴你：「你在他人面前暴露了自己的脆弱，你對自己的失誤感到羞愧，你過度在意別人的看法。」

當覺察到這些聲音，便能夠看到隱藏在犄角旮旯的自己。此時，你需要觀察和接納處於任何情緒狀態的自己，不與之糾纏，而是去聆聽、理解並療癒。

內在的聲音不僅僅是思維和情緒，還包括身體感知、潛在的信念、直覺和智慧。冥想能夠幫助我們將這些內在聲音整合到一起，使我們在面對生活的挑戰時，不再僅僅依賴理性思考，而是綜合內在多維度的聲音後，有智慧地做出合適的決定。

記住，任何法門、技巧，都必須持之以恆，才能夠逐漸地與自己的內在產生連接，進而清晰地聆聽到內在的聲音，從中獲得洞見。

接納，方能安住心靈

選擇一個安靜、舒適且無干擾的環境，有助減少外界的聲音干擾，使你更容易專注練習陰瑜伽、呼吸法和冥想。你還可以點一種讓自己聞起來感到身心放鬆的香薰，以及播放柔和的音樂，這都有助更快地進入狀態。

練習陰瑜伽或冥想時，只要做一件事，那就是專注於自己的呼吸。慢慢吸氣，感覺肺部充滿空氣，然後慢慢呼氣。把注意力集中在呼吸上，感受每一次呼吸的節奏，讓自己更放鬆，並逐漸將注意力從外界轉向內在。

進入冥想狀態後，開始聆聽自己的內在聲音。這些聲音可能是你的想法、情感、或是來自潛意識的低語。

無論你聽到正面還是負面的聲音，甚至看到一些畫面，都不要急於作出反應。不要試圖控制或壓抑它，盡量保持不批判的態度，並以觀察者的角度來接納它，方可減少它對你的影響。保持覺察狀態能夠幫助你辨別哪些聲音真正來自內心，哪些受到外界聲音的影響。

真實的內在聲音通常讓人感到平靜，而受到外界聲音影響的往往帶有焦慮、恐懼或壓力感。識別出來自外界的負面聲音或影響時，不要試圖去除它們，抗拒或回應往往會導致越陷越深。你可以通過專注呼吸或重複冥想中的短語，讓負面的聲音自然消散。

這過程也是在修習正念。正念是有意識地專注當下、接受當下的一切而不加以評論。人們通過正念，可以學會觀察和接受外在與內在的聲音，不被它們困擾，從而達到內心的平靜。

擺脫聲音困擾並達到內心平靜的十個步驟

1 覺知

建立覺知，包括對外界環境、身體感受、情感和內心聲音的覺知。當你感到憤怒或悲傷時，將注意力放在自己身上，而非外境，才能覺察到情緒來源。問問自己為什麼會對事件或人產生某些情緒反應？很多時候，我們甚至不知道自己在受苦，在憤怒，在悲傷。因此，我們要培養一顆能對起心動念有覺知的心。

記住，外面的世界是內在的小宇宙。所有的煩惱與問題大多來源於自己，當心中滿是疑問時，答案就在我們心中。在這過程中，感受每一次吸氣和呼氣的節奏，並把注意力集中在呼吸上。這有助把焦點從外界的聲音轉移到自己的呼吸，並覺知自己正在呼吸。此時，情緒會慢慢淡化，慢慢消失。

2 坐姿

挺胸坐直，但切勿過於緊張或緊繃，讓身體自然地放鬆。如果坐在椅子上，將雙腳平放地面。坐在地板的話，可以利用坐墊或靠墊支撐身體。接著，把手放在大腿上，掌心自然放鬆地朝上或向下。

3 專注於當下

當你感到被聲音困擾時，嘗試將注意力集中在當下。什麼是當下？當你培養覺知能力，你會發現我們大部分時間都活在過去或未來：我們緬懷過去，無法忘記過去的創傷；我們憧憬也恐懼未來。可回到當下，我們僅剩呼吸。當下就是此時此刻，當下是「什麼都沒有」。

如果這對你來說很抽象，你可以嘗試將注意力放在手頭上的工作，不要去回應你的情緒。你也可以進行身體掃描，從頭到腳，細細地觀察身體的感覺，如是否深鎖眉頭、咬緊牙關、憋氣、呼吸是否短而急促？心跳是否快速？肌肉是否繃緊？

若是，那就調整呼吸，感受身體慢慢地放鬆。

無論你在吃飯或喝咖啡，提醒自己專注於眼前食物的味道。這樣可以幫助你減少對聲音的關注，讓自己更專注當下所經驗的人事物。

4　識別聲音的本質

學習識別外在聲音和內在聲音的本質。有些聲音儘管來自別人的「好心相勸」，一旦讓自己感受不好，都可能形成噪音。有些聲音來自內心的對話、擔憂或情感反應。這些聲音可能來自過去的經驗、擔憂未來的事情，或是別人的期望和壓力，但它們都不是真實的自我。

5 放下對聲音的執著

聲音使我們困擾的根源，往往在於我們對它產生執念。放下這股蠻勁吧，千萬別想控制或改變它。當聲音出現時，無論是內在或是外在的聲音，嘗試讓它們自然地來。只要不回應它，聲音就會自顧自地離去；一旦你給予回應，很可能會與聲音產生拉扯。

學會放下執著，聲音對自己的影響就會慢慢減少。少了聲音的干擾，內心自然感到寧靜祥和。

6 練習呼吸

是的，呼吸很重要！呼吸可幫助你擺脫聲音的困擾，讓內心達到平靜。當你感到被聲音困擾時，專注於呼吸，純粹將感受放在每一次吸氣和呼氣上。如果思緒或聲音出現了，不要抗拒它。你只需提醒自己繼續呼吸，並將注意力帶到呼吸上。

要讓一顆心回歸平靜和諧，呼吸是簡單且有效的方法，而且呼吸不花錢，隨時隨地都可以練習。在任何的修行中，無論是瑜伽、正念、冥想，都一再強調要專注呼吸！

多了解止念療法的九種心態，即初學者之心、耐心、信任、接納、不評判、放下、不過度用力、感恩、慷慨，是如何引導並帶領我們安撫身心。

7 建立正念習慣

正念絕對不是一次性練習，它是需要持續培養的習慣。每天花一段時間練習，即使只是短短幾分鐘，也足以讓自己建立平靜的內在狀態。卡巴金對正念的定義是「有意識且不帶評判的，保持當下留心的覺察」。隨著練習越深入，你會發現自己對外界和內在聲音的敏感度越低，這就能夠更好地保持內心的平靜和穩定。

8 正念行走

當你在走路時，無論是飯後散步、逛菜市場，或走一小段路到某個地方去，只要你的雙腳在行走，請帶著覺知走路，專注腳下的每一步。

行走時，感受雙腳肌肉的狀態，感受腳步與地面接觸的感覺，注意身體移動時和周圍的環境所產生的連結，如氣味、聲音、空氣的濕度……專注行走可以幫助我們從外界聲音中抽離，回到當下，從而達到內在的平靜。此時，你甚至發現我們似乎從未好好地走一段路。我們在走路的時候，總是胡思亂想、刷手機、聽音樂、講電話、看視頻……很多時候，意外就是這樣發生的。

9

與自己和解

內在的聲音大多來自內心未解的衝突或情感，這些未竟之事一直埋藏在心裡，形成各種各樣的聲音，一旦受到外界刺激就出來扯後腿。經常練習冥想，並在日常生活中保持覺知，就會不難發現，許多衝突與情緒往往源自我們還活在過去，我們依然受過去的創傷牽制。當產生矛盾衝突時，那些隱藏於內在的聲音猶如巨浪般一波接一波地侵襲過來，像猛獸般吞噬自己，以致我們無法理性地看待事情，無法好好地表達自己的訴求，甚至讓誤會越演越烈。情緒出現時，嘗試理解來源，並以慈悲心對待自己，擁抱支離破碎的自己，轉化並重新整合自己。

以不評判的態度來接受所有聲音並非易事。面對讓自己不舒服的感受時，抗拒、對抗、逃離，都是正常反應，甚至是自然啟動的保護機制，用意是避免身心陷入危險當中。抗拒、對抗或逃離，都是我們給予不舒服感受的反應。一旦我們做出自己認為不恰當的反應，就會鑽牛角尖，加劇痛苦。

嘗試提醒自己不要改變或抗拒它們，而是單純地觀察它們的存在。要如如不動確實很難，但是，我們至少能透過持續的訓練來減少內心的躁動。帶著覺察、覺知生活，好好地守護自己那一顆心。

療癒是重新建構意義

世界從不安靜。倘若外在的聲音能夠輕易影響你，是因為你的內心缺乏主見，只會按照別人的期待來活。這樣永遠都無法活好自己，更別說要活出自己。

面對過去的童年創傷，我們需要意識到自己已經長大了。一味的憤恨、責備、懊惱，或將責任推卸至原生家庭，終將無法讓心靈有所成長。切勿因童年創傷而屢屢犯錯。就算一旦因此犯下錯誤，也不要自責，要汲取教訓，要作出改變。人最可怕的是知錯而不改，嘴巴上一直道歉，但行為依舊不變，等於活著的時候就在無明裡輪迴。

人的習性，是想佔有自己喜愛的人事物，排斥、甚至厭惡不順己意的人事物。現實是，凡事皆無法全憑自己的好惡發生，如願則喜，不如願則怒。受苦的終將是自己，與人無尤。

療癒，不是放下，而是重新建構事情的意義。這件事發生在我身上，不是因為我倒霉，不是因為我笨，不是因為我貪心，更不是因為我好欺負；這件事情是要讓我的心靈有所成長，引導我看見自己的習性，從根本上作出改變。你可以將這過程稱之為轉化、轉念。無論它是什麼，用意皆是讓自己不要沉淪於所謂命運之中，自憐自艾。內心有力量的人，無論面對何種聲音，都能處之泰然，心亦能往更美好的方向發展。

尋回自己聲音的過程，需要強化自我認知，了解自己真正的需求、價值觀和目標，從而在面對外界壓力時能夠堅持己見。過程通常涉及深度的自我反思，意識到自己無法承受壓力時，應尋求專業輔導的幫助，或透過靈修與內在連結。當一個人能夠清晰地聽見內心的聲音，並且有勇氣追隨內在的召喚時，就比較可能擺脫外界干擾所帶來的痛苦，重建內在的平衡與和諧。

心態決定療癒的深度與效果

療癒的第一步是學會接納自己的痛苦、創傷和情緒，而不是逃避或壓抑，甚至歸咎於原生家庭。正確的心態，是勇敢面對問題，承認痛苦的存在，並理解它是生命裡學習與成長的一部分。

療癒是一個長期過程，可能會伴隨反覆和波折。因此要保持耐心，千萬不要急於求成。有的人甚至期待上一節靈性課程後，就能馬上離苦得樂。療癒需要循序漸進，需要時間深入血液、骨髓甚至靈魂，才能轉化內心的質，切勿因短期內效果不明顯而失望或放棄，更不要輕信廣告詞裡「一次就見效」。

過程可能會帶來意想不到的情緒、感受或記憶。情緒波動實屬正常，並且可能會經歷情緒帶來的高低起伏。療癒，也包括要學會允許情緒存在，允許自己有脆弱的時刻，理解這是過程的一部分，而不是壓抑或判斷它們。情緒波動也可能意味

著內在的能量在調整和釋放。抱持開放的心態，代表你願意接受這些新發現，並相信這都是療癒進程的一部分。

我們也可能會遇到許多不可預見的變化，甚至生活中一些重要的關係或目標也會發生轉變。與其抗拒這些變化，不如順勢而為。順生命之流，接受這些變化，理解不確定性是生命的一部分，讓它們成為個人成長與療癒的助力。

即使內心多痛苦，過程多艱難，也要相信自己有自癒能力，相信生活中的創傷是可以被治癒的。這股信念能夠為整個過程帶來強大的動力。過程中，雖然保持獨立和自我反思很重要，但尋求外界支持也同樣重要，無論是來自朋友、家人，還是專業治療師，都可以在我們感到迷惘或困難時提供鼓勵、指導和幫助。畢竟，接受他人的支持並不代表軟弱、脆弱。能夠勇於求助的人，才是勇敢的人。

最後，我想提醒大家，療癒並不意味擺脫一切痛苦，從此幸福快樂，能無憂無慮地生活。療癒，更多是讓我們理解到，真正讓我們受苦的，不是外在的人事物，而是自己對人事物的看法。我們對人事物的看法與解讀，就是源自內在的聲音。我們怎麼看這個世界，世界就以我們的目光來回應我們！

頌缽

Chanting Therapy

05

音療

來自宇宙的聲音

Sounds from the Universe

如果你想找到宇宙的秘密，
請從能量、
頻率和振動方面思考。

尼古拉・特斯拉（Nikola Tesla）
發明家・物理學家

頌缽是一種古老的樂器，起源於喜馬拉雅地區，如西藏、不丹和尼泊爾等地。最初由七種金屬，包括銅、錫、鐵、金、銀等熔合而成。古時候，每個頌缽都是由經驗豐富的工匠手工打造，隨著佛教傳入中國、日本和東南亞地區。經過時間的推移，頌缽走出宗教領域，並滲入到日常生活。如今，它被廣泛地應用在音療、瑜伽、靜坐冥想等領域，特別在音療領域。頌缽的振動頻率被認為可以調節人體的能量場，以達到釋放壓力、平衡情緒的作用。

作為國際公認歐洲最優秀的聲音治療師之一的漢斯・德・貝克（Hans de Back），是研發出頌缽聲波按摩療法的荷蘭人。二十年前，患有強直性脊椎炎的他，在一次宗教研習會中初次聽到頌缽的聲音時，低音傳入體內，與他的病痛產生共振。他的心情頓時像是被掏空後，重新被感動填滿。他感到脫胎換骨，纏繞多年的強直性脊椎炎所帶來的疼痛感也稍微減輕。這讓他體會到頌缽帶來的療癒力量，因而鑽研頌缽音療。

頌缽音療之所以對人體產生療癒力量，因人體由百分之七十的水分組成，這些水分在體內形成流域，充沛的能量順著河流將養分輸送到各個器官及細胞。可人在成長的過程中，遭受許多聲音干擾，產生的情緒垃圾漸漸將流域堵塞。當能量無法到達，臟腑失去養分，便會影響本來的功能。

有形或無形的物質都是由能量振動而成，頌缽音療藉由聲波能量與體內的水分產生共振，傳遞到各部位。身體內的細胞、器官、經脈等等，亦能與聲波產生共振反應，將體內不協調或堵塞的能量，調整到平衡狀態。

頌缽的分類與應用

根據製作方式，頌缽可分為新缽和老缽。新缽主要使用機器打造，又分為兩種類型：一種是全機器製作，外觀閃亮且完美；另一種是結合手工與機器製作，先由機器打造基本形狀，再由人手敲打出凹凸不平的表面。目前市面上流通的頌缽，大多屬於新缽。

相對於新缽，老缽完全由人手製作，通常稱為老藏缽。老缽的工藝不如新缽完美，但聲音的振動更持久且深遠。由於是人手打造，老缽的缽體頂端高低不一，因此敲擊時產生的振動頻率各有不同，能呈現更豐富的聲響層次。

在使用層面上，頌缽可分為療癒與演奏兩種用途。演奏用的頌缽通常尺寸較小，敲擊時聲音明亮、清脆；而療癒用的頌缽通常直徑在二十五厘米以上，共振是向下傳遞的。振動直接影響身體，適合放置到身體上進行療癒，達到深層的療癒效果。

此外，頌缽還包括由不同缽組成的脈輪缽。它們對應人體的七個脈輪，每個缽的音調各異，用以調和不同脈輪的能量。因為能更具體地對應到身體的能量中心，提供更全面的療癒效果，脈輪缽越來越受到人們的追捧。

市面上還有一些特別命名的頌缽，如黑美人缽。商家賦予特別的名稱和意涵，導致這些頌缽的價格通常較高。然而，在頌缽的發源地，當地人對頌缽的分類卻非常簡單，僅分為新缽、老缽，以及老藏缽。

值得一提的是，西藏喇嘛在誦經時常用頌缽，並且把經文刻在缽體上。每敲擊一次，象徵完成一次誦經。這類刻有經文且經過特殊加持的老藏缽，價格相對較高。雖然現今市面上也有許多刻有圖案或經文的頌缽，但這些通常是由機器雕刻而成，並非真正的老藏缽。

目前，研究人員發現了將近五十種來自喜馬拉雅的古董缽，當中只有七、八種基本類型。每個頌缽都有獨特的形狀、特徵和聲音。專家對主要類型的命名和分類已有普遍共識，但對於不常見的類型則暫沒有共識。一些特定的頌缽類型已有指定名稱，不過，有些工作者會以不同名稱來稱呼同一類型的頌缽。

讓脈輪恢復平衡

頌缽音療作為一種聲音共振的療法，已在全球逐漸受到重視，尤其在精神健康領域有顯著的效果。研究顯示，音療可以幫助減輕慢性病患者的疼痛感，同時緩解焦慮和抑鬱的症狀。這可能是因為音頻的振動能夠刺激人體的自我修復機制，促進分泌安多酚，從而減輕疼痛。

美國紐約癌症預防中心的米契・蓋諾醫生（Mitchell L. Gaynor）在《聲療的力量》（*The Healing Power of Sound: Recovery from Life-Threatening Illness Using Sound, Voice, and Music*）中提到頌缽音療能轉化身體細胞，但並不能視為治療癌症的直接方式。專業的音療師通常不會宣稱頌缽療法能夠治癒癌症，以免讓人誤解療效能超越實際功能。

頌缽音療的主要目的是調整與提升脈輪能量，放鬆身體，幫助病患面對病情時能夠放鬆、保持愉悅，減輕治療過程帶來的壓力與焦慮。當患者的身心處於放鬆狀態時，有助改善患者的生活質素，讓他們更積極地面對疾病。細胞的活性亦可能因此得到提升，進而促進細胞修復，提升免疫力，使體內的自癒系統能更好地運作。這僅對癌症治療產生輔助效果，並不能保證治療效果。

相較於癌症，頌缽音療在情緒疾病和失眠方面的效果則較為顯著。許多患者在經歷頌缽音療後，情緒有明顯改善。對於失眠患者來說，聆聽特定頻率的音頻能夠幫助人們更快入睡，並提高睡眠質量。這可能因為音頻能夠調節心跳和呼吸，從而幫助身體進入放鬆狀態。

也有案例表明，聲音療法對患有創傷後壓力症候群（PTSD）的退伍軍人有積極效果。一些退伍軍人在接受音療後，減輕了些症狀，如減少做惡夢、降低過度的警惕心等等。

對焦慮、抑鬱、狂躁等情緒障礙者來說，頌缽音療有助減輕負面情緒，改善睡眠質量。這是因為聲波的共振能影響大腦的活動，進而放鬆身體的肌肉群，減輕壓力。對長期受到情緒困擾或長期失眠的人來說，能有效安撫心緒，使他們更容易進入平和、安寧的心理狀態。

脈輪與身體的對應

在頌缽音療中，每個脈輪都對應特定的音調或頻率，而頌缽透過這些頻率來調整身體的能量場，達到療癒的效果。

脈輪的智慧不僅僅應用於頌缽音療，還廣泛運用於陰瑜伽、冥想和手印（Mudra）等不同的療癒領域。作為人體內七個主要的能量中心，每個脈輪都對應不同的身體部位、情緒狀態以及顏色。當這些能量中心失衡時，身體會感到不適或出現情緒問題。頌缽音療正可以幫助這些能量中心恢復平衡。

名稱	位置	對應
海底輪（Root Chakra）	脊椎底部	生存、安全感和穩定性。與生殖系統、骨骼和下半身相關。
臍輪（Sacral Chakra）	腹部下方	創造力、情感和性慾。與腎臟、膀胱、循環系統相關。
太陽神經叢輪（Solar Plexus Chakra）	胃部	自信和意志力。與消化系統、肝臟、腸道相關。

心輪（Heart Chakra）	胸部中央	愛、同情和情感聯繫。與心臟、肺部和循環系統相關。
喉輪（Throat Chakra）	喉部	溝通和表達。與喉嚨、甲狀腺和呼吸系統相關。
眉心輪（Third Eye Chakra）	眉心	直覺和智慧。與腦部、眼睛和神經系統相關。
頂輪	頭頂	大腦和神經系統。與靈性和全意

（Crown Chakra）識相關。

頌缽音療的兩種方式

將頌缽放置到身體上：針對海底輪、臍輪、太陽神經叢輪和心輪。頌缽音療師可以直接把頌缽放置到相應的身體部位上，讓共振直接傳達到身體內部，進而紓緩身體的不適。對肌肉勞損與僵硬的人來說，頌缽的震動猶如一種內部按摩，能夠放鬆緊繃的部位，促進血液循環和能量流動。此方式特別適合處理肌肉僵硬、疲

勞或身體疼痛等問題。

將頌缽放置在身體旁邊：針對上半身的脈輪，如喉輪、眉心輪和頂輪。頌缽音療師通常會將頌缽放在耳朵兩側或頭頂外的空間，進行敲擊。共振雖然不會直接接觸身體，但通過音波的傳遞，能夠影響較高層次的脈輪，幫助改善與溝通、直覺和靈性相關的問題。

兩者在療癒方式上有著明顯的區別——放在身體上的頌缽能夠直接影響肌肉和內部結構，而聆聽音頻則著重精神上的紓緩和放鬆。無論是聆聽的放鬆療法，還是直接的共振療法，都是音療重要的使用方式。每位音療師都有自己的風格和方法，使得音療更加多樣和豐富。

音療在於共振

頌缽音療作為聲音與能量共振的療癒技術，主要分為西藏和尼泊爾兩個流派。兩者在針對脈輪的音調上略有差異，然而兩者的核心理念是一致的，即通過特定音頻的共振，調和人體內的能量流動。

頌缽音療的效果在不同的使用方式下會有差異。不過，音療不僅限頌缽，還包含許多不同的工具，如音叉、銅鑼、空靈鼓、海浪鼓、卡杜斯雨棍等等，甚至我們的聲音也能作為音療使用。這說明音療的本質在於共振，而共振對於每個人來說都是獨特的。

我的第一位頌缽老師來自尼泊爾，他不會講究過多敲擊頌缽的技巧，只是簡單地敲打缽體。第二位老師是來自馬來西亞的氣功老師蔡寶珠，她非常注重如何細膩地敲打頌缽，因為敲擊方式會直接影響到共振效果。有些人敲得響亮，而有些人則更喜歡輕柔的震動，每個人的需求和感受都不同。又如「謐音・境」工作室創辦人之一的 Lucius K.，他是一位資深的頌缽導師，他把頌缽音療與療癒內在小孩雙結合，協助人們清除心理的障礙物。

不同的頌缽音療師使用不同工具和方式，都會影響每一次的共振和療癒效果。共振非常重要，不同力度、持棒的方式，以及敲擊的位置，都會影響聲音的振動和效果。同一個頌缽由不同的人來敲擊，所發出的聲音和共振效果完全不同。有些人可能需要較強烈的振動頻率，有些人則偏好溫和的共振，這完全取決於個人的需求和身體狀況。

音療師與療癒者的共振之道

音療師需要具備正確的心態與技術，療癒者則需保持開放與放鬆的心態，才能讓頌缽的震動能量帶來更深入且有效的治癒效果。因此，音療師需要精通敲打方

式，確保頌缽的聲音能夠有效地在療癒者的身體與能量場中發揮作用。

療癒的過程不僅是技術層面的操作，更需要結合音療師的心靈意圖。為此，音療師在進行頌缽音療時，必須要有清晰的意圖（intention），包括了解療癒者的需求與目的，結合頻率與意圖，才能讓共振達到療癒效果。

然而，並非每個人都能接受頌缽音療。音療師必須敏銳地感知療癒者的反應。有些人對共振可能會感到不適，甚至頭暈或噁心。為此，音療師需要根據療癒者的狀態，調整音療的強度或方式，確保他們在身心舒適的情況下接受音療。

唯有在完全開放的狀態下，療癒者才能與頌缽的共振達至最大程度的和諧。基於頌缽音療強調放鬆，療癒者得先讓自己的身心放鬆，建議不要預設任何療癒效果或產生抗拒之心，避免緊張或焦慮。如此一來，共振才能更有效地深入到身體與心靈的不同層次。

根據音療的理論，頌缽共振主要涉及以下五個層次：

1 細胞：頌缽的共振能夠影響細胞層次，特別是幫助體內排除過多的自由基，並轉換為有益的負離子，從而達到深層的細胞修復和身體平衡。

2　肉體：頌缽共振能夠放鬆僵硬的肌肉，紓緩緊張狀態，從而改善血液循環，減少疼痛和緊張。

3　情緒：頌缽共振能紓緩內心的痛苦，讓壓抑的情緒轉化為放鬆和平靜，達到釋放情緒的效果。

4　認知：頌缽的聲音共振能夠影響療癒者的思維方式，幫助他們從悲觀轉為樂觀。長期的音療甚至可以幫助療癒者重新調整認知，促進心理上的正向轉變。

5 靈性：音療也能提升靈性層次的覺察。透過頌缽共振，可以喚醒療癒者更高層次的靈性意識，讓他們更容易進入冥想或打坐的狀態，促進靈性成長與覺醒。

地球的心跳

頌缽的聲音與大自然的聲音有異曲同工之妙。兩者皆以自然的頻率和振動，對人的身心產生深遠的影響。自然界中穩定且持久的聲音，如流水的潺潺聲、風的呼嘯聲或是雷鳴的低沉震動，能夠在聆聽時，讓身體和心靈自然而然地進入放鬆狀態，有助集中注意力，排除外界干擾，專注當下的感受。這對於冥想和深度放鬆尤為重要，也與頌缽音頻帶來的放鬆效果相似，目的都是幫助人們更深入地連接內在自我和自然世界。

一八八九年，美國工程師特斯拉在實驗中發現地球的共振頻率接近八赫茲（Hz）。一九五二年，德國科學家舒曼（W. O. Schumann）在研究地球及電離層系統時，也發現這個共振頻率。後來這個頻率稱為舒曼共振（Schumann Resonance），即舒曼波，或「地球的心跳」。

醫學界發現，在音樂層面上，八赫茲是四百三十二赫茲的基礎，而四百三十二赫茲是與地球心跳一致的頻率。它可以與人體產生完美共振，提高感知力、增加思考清晰度並加強直覺、減少焦慮，還能降低血壓、紓緩心率。

這種頻率大多數來自清晨的雨水、自來水、風、鳥類。你可以每天赤腳走出戶外十到二十分鐘，或在空氣流通的地方散步，與樹木，泥土或任何接觸地球的自然物體保持接觸，這有助我們適應地球的頻率。

長久下來，它對於協調人體內分泌與神經系統有穩定作用，能讓腦波平穩，達到放鬆效果。也讓我們能夠自然地進入熟睡狀態，且不易在睡眠中醒過來。此外，舒曼波能有效活化激素的分泌，降低發炎反應。因能針對自律神經失調、情緒失控、免疫系統，及許多找不出病因的疾病，而被廣泛運用在醫學領域上。

頌缽利用不同頻率的赫茲來產生共振。不同赫茲的音頻又對應不同的身體部位、情緒狀態和脈輪，以幫助調節身心的能量，促進身心平衡與療癒。音療師通常會根據個體的需求，選擇適合的頻率組合，以達到最佳的療癒效果。

後記

放下聲音，
和光同塵

當上陰瑜伽老師初期，通常授課完畢後，我便匆匆忙忙地趕往下一節課。偶爾需要為了跨國教學飛行十多個小時，我大多時候都是在飛機上「留宿」，以便翌日抵達目的地後能夠立即投入到授課的行程。我日復一日，年復一年地重複著腳不著地、身不貼床的生活，直到二〇二〇年全球疫情大爆發。那時，我剛好在台北授課，因而被迫在台北駐留了接近九個月。這段日子，整個世界彷彿安靜了下來，我的心也開始感受到前所未有的平靜。

趁著難能可貴的悠閒時光，我在台北到處閒逛，感受這片土地的氣息。就在那一刻，我深刻地感受到周遭都是曼妙的聲音。它們可以是來自大自然的，也可以是城市鄉間的環境音。甚至，當人們戴上口罩後，停止過多地表達時，這種無聲、無音的交流，也形成獨特的溝通頻率。在這緩慢又寧靜，看似無聲音干擾的生活裡，我前所未有地聆聽到各種奇妙的聲音——來自內在的，如內心的獨白、心裡的碎碎念；來自外在的，如風聲、鳥鳴聲、汽車聲、頌缽的工具聲、心跳聲、樹葉摩擦的聲音……我發現，無論是何種聲音，只要在我心不起動念之下，都是曼妙的聲音，都是讓我感到愉悅，嘴角不自覺上揚的聲音。

當下，我內心產生一個衝動——我要透過文字記錄聲音！我要透過文字分享聲音療癒的奇妙之處！我發現，聲音的力量並不仰賴任何一種工具！聲音療癒的力量，在於回到內在，與自己產生深刻的連結。當自己不帶批判地、誠實地聆聽每一種聲音時，療癒就自然而然地發生了。於是，我開始收集有關聲與音的故事。

離開台北後，我在二〇二一年旅居香港。那仍是疫情期間，在香港旅居一年，我發現不同都市因應居住的人群而存在專屬的聲音。你可以理解為那是都市與人們一起建構的能量、頻率。我在繁華的香港，感受到四面八方都傳來讓身體感受到痛楚的聲音，這是因為建築工地的嘈雜聲、大街上人與交通的喧鬧聲此起彼落。然而，聲音本來只是波長（λ）、頻率（f）和波速（v）共同作用的物理現象，因此並沒有好壞之分。外在的聲波通過耳朵和大腦的加工後成為主觀體驗，我們的情緒、記憶等內在狀態就會像濾鏡般重塑聲音的意義，進而產生交互作用。倘若人們沒有意識到交互作用如何循環，就會被聲音控制，周而復始地在某種情景中輪迴！循環可分成兩種：

正向循環：平靜的心態 → 更包容外界聲音 → 進一步放鬆

負向循環：壓力 → 放大噪音感知 → 加劇煩躁

為了更清晰地聆聽到自己的聲音，以及不對外在聲音產生過多的喜惡，我在二〇二二年十月毅然提著兩個大行李箱，前往對我來說是語言不通的陌生國家——日本。眨眼間，我在這裡生活了三年。從《找回自己——Chris Su的瑜伽之路》、《你需要的正念陰瑜伽》到《都市人的瑜伽：創造個人的療癒》，我原本以為把頌缽音療選為這本書的核心內容，算是完整地記錄了自己的療癒路程，也將自己受用的療癒方式分享給讀者。可在療癒的路上走著，書寫著，我才體悟到——人有無限可能，聲音亦然。人們在日常生活中，無時無刻被各種聲音包圍。頌缽是藉由頻率共振來刺激感官，帶給內在平靜的其中一個方法。但真正的療癒，必須涵蓋無處不在的聲音，才能在沒有任何工具輔助時，也能及時安住自己。

聲音讓我們找到真實的自己：從回歸內在的真實自我，到在物質生活中通過心理訓練，如冥想、正念、頌缽，調整各種噪音環境對自我的影響，以優化生活與心理質素。這樣方能在現實生活中，透過每一個聲音的頻率，感受內心的寧靜。

行筆至此，僅僅是此書的完結。療癒與修行，只要呼吸尚在，依舊會繼續發生。祝願有聲與無聲的生命，有音與無音的存有，和光同塵。

附錄

頌缽的分類

手錘缽（Hand-hammered Bowl） 新缽（New Bowl） 老缽（Old Bowl） 滿月缽（Full Moon Bowl） 脊椎缽（Spine Bowl） 唱名缽（Solfeggio Bowl）	最正宗的類型，包含最豐富的聲音。基於古董頌缽的設計來製作。
古董缽（Antique Singing Bowl）	手工製作，是最經典的頌缽類型。被認為擁有最豐富和富有啟發性的聲音，以及原始療癒頻率。

喜馬拉雅缽（Himalayan Bowl）	喜馬拉雅山不只是地區，更是修行者聖地。就像西藏頌缽，喜馬拉雅缽是頌缽分類的其中一個稱呼。
西藏頌缽（Tibetan Singing Bowl）	在頌缽中最流行。由多種金屬加上手錘製造而成，起源於西藏，在二十世紀中葉傳到世界各地。人們口中的頌缽，大多指西藏頌缽。

機製／倒模缽（Machine-lathed/Casting Bowl） 全倒模缽（Full-casting Bowl） 半倒模缽（後期人手加工）（Half-casting Bowl）	製作頌缽最常用的方法，過程使用黃銅，然後以砂造模和機器加工，看起來更漂亮。雖有多款設計，但聲音不如手錘缽。
脈輪缽（Chakra Singing Bowl）	在製作過程中，被調至特定音階或設計成特別的顏色。作為調整脈輪能量的工具之一。

平缽（Flat Singing Bowl）	比傳統的頌缽平坦和淺，通常以多種金屬及手工製造，包括黃銅和青銅。會飾以銅版畫和雕刻。
高身缽（Height Singing Bowl）	因形狀而得名。缽體比較高和深。高身缽也以多種金屬製成，飾有不同的設計。
磬（Rin Gong）	在中國或日本生產的缽，也被稱為日本頌缽。

水晶缽（Crystal Singing Bowl）

以石英晶體製造，磨砂或通透。功能有別於傳統的頌缽，通常與脈輪、風水和冥想有關，與佛教修行不相關。

頌缽常用的頻率及功能

頻率	作用	功能
一七四赫茲	基礎的安定頻率	非常低的頻率，通常用來安撫身體和心靈，提供深層次的安定感。特別適用於緩解緊張和疲勞，常被認為有助減輕疼痛和壓力。
二八五赫茲	組織修復	有助修復細胞和組織，促進身體的自然治癒過程。這個頻率通常與身

		體的根部能量中心（如第一脈輪）相關，幫助穩定和重建身體的基礎結構。
三九六赫茲	減少恐懼和負面情緒	有助釋放恐懼、焦慮和罪惡感。常用於解除負面的情緒狀態，幫助個人更好地面對內心的恐懼，並激活身體的自癒力量。
四一七赫茲	促進轉變與新開始	清除負面的能量和情感創傷，適合

四三二赫茲

自然和諧的頻率

被譽為是「宇宙中最協調的音律」，原因是與宇宙的和諧振動相符合。據說能使人感覺更加平靜、集中，並與自然界和諧共處，常用於冥想和心靈療癒。

在個人經歷重大轉變或需要新開始時使用。還可以幫助解除束縛和限制，打開新的可能性。

五二八赫茲	DNA 修復與愛的頻率	被稱為「愛的頻率」，幫助修復DNA，促進深層次的癒合與轉變。常用於增強愛的能量，促進身心和情感的整體療癒。
六三九赫茲	人際關係的和諧	與人際關係和情感聯繫密切相關。有助促進溝通與理解，使人們在關係中更加和諧共處。平衡情感能量，適合用於治療情感和關係問題。

七四一赫茲	激發直覺與情感清理	幫助清理情感垃圾，淨化身體的細胞和內在能量場。有助激發直覺，增加自我覺察。適用於情感的排毒與清理。
八五二赫茲	靈性覺醒	與靈性覺醒和宇宙的連接有關，幫助打開高層次的意識和直覺。常用於冥想，幫助激活第三眼，促進個人的靈性成長。

九六三赫茲	神聖與一體	常用於高頻冥想或深度靈性練習，被稱為神聖的頻率或松果體的頻率。有助激活松果體，促進與宇宙源頭連接，幫助體驗整體意識。

聆聽內在聲音：探索與療癒

Chris Su

JPBooks.Plus
http://jpbooks.plus

三聯書店
http://jointpublishing.com

責任編輯　林可淇
書籍設計　studiominors
協助編寫　李秀華（馬來西亞）
照片拍攝　YONG SUB KWAK（韓國）
場地贊助　Space of Muwi in Jeju Island（韓國）

出　　版　三聯書店（香港）有限公司
香港北角英皇道四九九號北角工業大廈二十樓
Joint Publishing (H.K.) Co., Ltd.
20/F., North Point Industrial Building,499 King's Road, North Point, Hong Kong

香港發行　香港聯合書刊物流有限公司
香港新界荃灣德士古道二二〇至二四八號十六樓

印　　刷　寶華數碼印刷有限公司
香港柴灣吉勝街四十五號四樓A室

版　　次　二〇二五年七月香港第一版第一次印刷

規　　格　大三十二開（135mm × 190mm）二三二面

國際書號　ISBN 978-962-04-5679-4